Bird / Buckley

Handbuch für Lehrer von Kindern mit Down-Syndrom

EDITION 21 im G&S Verlag:
Bücher von, mit und über Menschen mit dem gewissen Extra
Frühförderung, Integration, Lesestoff, Information

Einzelheiten, Informationen, Ankündigung von Neuerscheinungen, Bestellmöglichkeiten etc. können Sie unserem aktuellen Prospekt oder unserer Homepage entnehmen:
www.edition21.de oder www.down-syndrom.biz

Unsere Bücher finden Sie im gut sortierten Buchhandel, beim Deutschen Down-Syndrom InfoCenter oder Sie bestellen direkt unter Edition 21 in unserem Webshop:
www.aladinshoehle.de

Deutsche Erstausgabe
HANDBUCH FÜR LEHRER VON KINDERN MIT DOWN-SYNDROM
von Gillian Bird und Sue Buckley

Die Herausgabe dieser deutschsprachigen Ausgabe erfolgt mit freundlicher Genehmigung von Sue Buckley und in Kooperation mit dem Deutschen Down-Syndrom InfoCenter, Lauf

Bibliografische Information der Deutschen Bibliothek
Die Deutsche Bibliothek verzeichnet diese Publikation in der Deutschen Nationalbibliografie; detaillierte bibliografische Daten sind im Internet über http://dnb.ddb.de abrufbar

Übersetzung von Stefanie Walz
Lektorat und redaktionelle Bearbeitung: Michael Störmer
Cover: Kathrin Schlegel
Satz und Layout: sagasatz im G&S Verlag
Druck und Bindung: Anrop Ltd.
3. Aufl.
ISBN 978-3-925698-72-9

Gillian Bird und Sue Buckley
Sarah Duffen Centre

Handbuch für Lehrer

von Kindern mit Down-Syndrom

Edition 21

Inhalt

Vorwort zur deutschen Ausgabe

Der vorliegende Ratgeber stand mir schon vor einigen Jahren in der englischen und niederländischen Version zur Verfügung. Für meine Arbeit in einer Integrationsklasse konnte ich daraus viele wertvolle Tipps entnehmen und in die Praxis umsetzen. Manches war auch bei der Unterstützung meiner eigenen Tochter hilfreich. Es ist erfreulich, dass dieses Handbuch nun auch in deutscher Übersetzung vorliegt und allen Pädagogen, die Kinder mit Down-Syndrom unterrichten, als Informationsquelle zur Verfügung steht.

Kinder mit Down-Syndrom besuchen immer häufiger Regelschulen und lernen dort gemeinsam mit nichtbehinderten Kindern. Das Lehrpersonal an diesen Schulen ist jedoch meist nicht vorbereitet auf diese „Herausforderung». Mit diesem Handbuch wird den Lehrkräften an integrativen Schulen ein Ratgeber zur Verfügung gestellt, in dem nicht nur aktuelles Wissen über die Entwicklung von Kindern mit Down-Syndrom vermittelt wird. Diese neue Veröffentlichung behandelt speziell die Besonderheiten, die beim schulischen Lernen von Kindern mit Down-Syndrom auftreten können.

Aber auch für Pädagogen in (Sonder-) Schulen ist dieses Buch eine Bereicherung. Eine positive Erwartungshaltung steht für die Autorinnen, Gillian Bird und Sue Buckley, im Mittelpunkt ihrer Arbeit mit Kindern mit Down-Syndrom. Diese positive Erwartungshaltung, Einsicht in die Down-Syndrom spezifische Lernproblematik und Verständnis für die Schwierigkeiten, welche die Kinder deshalb beim Lernen haben, sind wesentliche Bedingungen für einen erfolgreichen Unterricht.

Die vielen Tipps und Anregungen für die Praxis werden sicherlich von allen Lehrern dankbar aufgegriffen.

Nicht zuletzt werden sich Eltern über dieses Buch freuen, denn sind nicht sie die wichtigsten Lehrer ihrer Kinder? Es waren Eltern, die dieses Buch entdeckten, sich um die Rechte bemühten, die es übersetzen ließen und es nun herausgegeben haben. Es wäre wünschenswert, wenn in Zukunft mehr Erfahrungen aus dem Unterricht von Kindern mit Down-Syndrom zusammengetragen würden, damit diese Erkenntnisse in weitere Ausgaben mit einfließen könnten.

Cora Halder, Juni 2000
Deutsches Down-Syndrom InfoCenter

VORWORT

Seit 1980 beschäftigen wir uns eingehend mit der Entwicklung von Kindern mit Down-Syndrom. In dieser Zeit wurde eine Fülle von Forschungsergebnissen publiziert, die auch für die Arbeit von Lehrern bedeutende Auswirkungen beinhalten. In wissenschaftlichen Institutionen und von denjenigen die praktisch mit Menschen mit Down-Syndrom arbeiten, wird weltweit Forschungsarbeit geleistet. Ein Teil der Forschung hat sich darauf konzentriert, herauszufinden, warum das Down-Syndrom die Entwicklung des Kindes verzögert und darüber hinaus, die Details ausfindig zu machen und zu identifizieren, die die Entwicklung des Kindes beeinträchtigen. Andere Studien beschäftigen sich damit, die Wirksamkeit verschiedenster Förderungshilfen und pädagogischer Programme zu untersuchen.

Während es immer noch sehr viel über die Bedürfnisse von gesunden Kindern in Hinblick auf eine optimale Entwicklung zu lernen gilt, wissen wir genug über die von Kindern mit Down-Syndrom, um in der Lage zu sein, ein Profil der speziellen Lernbedingungen und -bedürfnisse dieser Kinder zu erstellen, dessen sich alle Lehrer bewusst sein sollten.

Nachdem mehr über die Gründe der verzögerten Entwicklung von Kindern mit Down-Syndrom bekannt geworden ist, wurden auch die Förderungshilfen für diese Kinder wesentlich effektiver. Gleichzeitig haben sich Kindergärten, Vorschulen und Lehrmethoden, wie auch die gesellschaftliche Akzeptanz gegenüber Behinderten im Allgemeinen, in vielen Ländern wesentlich verbessert.

Diese Veränderungen führten dazu, dass viele junge Menschen mit Down-Syndrom weit mehr erreichen können, als man noch vor zehn Jahren für möglich gehalten hätte. Aber wenn das ganze Wissen, über das wir gegenwärtig verfügen, in die Praxis umgesetzt werden würde, wäre noch eine größere Zahl von Kindern mit Down-Syndrom in der Lage, mehr zu lernen und mehr zu erreichen, um später ein unabhängigeres und erfüllteres Leben als Erwachsener zu führen.

Wir hoffen, dass ihnen dieses Buch einen interessanten und lehrreichen Überblick über den gegenwärtigen Wissensstand bietet, der speziell für Lehrer relevant ist. Der erste Teil dieses Buches beschäftigt sich mit Forschungsergebnissen, während der zweite deren Relevanz in Bezug auf die Unterrichtspraxis darstellt. Wir haben ganz bewusst viele praktische Vorschläge in das Buch mit einbezogen, die auf unserer Erfahrungen aus enger Zusammenarbeit mit Schulen in den letzten Jahren basieren.

Wir verstehen unser Buch als Versuch, unser aktuelles Wissen zusammenzufassen. Wir sind für jede Art von Rückmeldungen von Lehrern dankbar, denn wir sind uns bewusst, dass ein großes Potential an praktischem Wissen, Sachverstand und Geschick existiert, das man miteinander teilen könnte. Wir haben uns vorgenommen, diese Publikation regelmäßig zu überarbeiten und zu erweitern. Deshalb schreiben sie uns bitte ihre Kommentare und Vorschläge für die nächste Ausgabe.

Gillian Bird und Sue Buckley, Juni 1994

Teil 1

Die Auswirkungen des Down-Syndroms auf die Entwicklung

Kapitel 1 soll dem Leser grundlegende Informationen über das Down-Syndrom liefern, seine Ursachen, die häufigsten Auswirkungen und Entwicklungsperspektiven. Wir sind uns bewusst, dass in den meisten Fällen vor allem das Personal »normaler« Schulen das erste Mal mit Kindern mit Down-Syndrom arbeitet. Man wird dort vielleicht nur wenig über die besonderen Beschwerden und den Zustand solcher Kinder wissen oder aber das vorhandene Wissen könnte bereits veraltet sein. Wir haben die Informationen zusammengefasst, die wir für Pädagogen am wichtigsten erachten und die am häufigsten gestellten Fragen beantworten.

Eine ausführliche Literaturliste wurde für diejenigen am Ende des Buches zusammengestellt, die detailliertere Kenntnisse benötigen.

Kapitel 2 gibt einen Überblick über den Stand der Forschung in Bezug auf die Entwicklung von Kindern von der Geburt bis zum Schulalter. Hier wird vor allem Wert darauf gelegt, die Gründe für die spezifischen Stärken und Schwächen von Kindern mit Down-Syndrom aufzuzeigen. Immer wiederkehrende Resultate deuten darauf hin, dass jedes Kind ein unterschiedliches Entwicklungsprofil aufweist, mit stärkeren Entwicklungsverzögerungen auf einigen Gebieten als auf anderen, also nicht nur einer Verzögerung im Allgemeinen. Andere Studien lenken die Aufmerksamkeit auf die grundlegenden Ursachen für diese Verzögerungen und befähigen so Psychologen, die spezifischen Lernbedürfnisse der Kinder zu beschreiben, die wiederum Lehrern helfen Programme, die auf diese spezifischen Bedürfnisse zugeschnitten sind, zu erstellen.

Den meisten Untersuchungen lagen Gruppen von Kindern zu Grunde und Schlussfolgerungen wurden deshalb aus den gemeinsamen Merkmalen gezogen, die Kinder mit Down-Syndrom aufweisen. Es ist wichtig, dass der Leser diese Tatsache nicht vergisst, da sich keine zwei Kinder absolut gleichen. Jedes Kind weist ein individuelles Profil an Stärken und Schwächen auf. Hat sich der Lehrer aber erst einmal mit den allgemeinen Möglichkeiten von Kindern mit Down-Syndrom auseinandergesetzt, dann sollte er in der Lage sein, die Eigenschaften, die bei jedem einzelnen Kind ganz individuell anzutreffen sind, identifizieren zu können.

Auch wenn das Schulkind im Mittelpunkt dieses Buches steht, kann man die Fortschritte und die Bedürfnisse dieser Altersgruppe nur richtig verstehen, wenn man die Entwicklung des Kindes von Geburt an verfolgt. Tun wir dies, müssen wir den Entwicklungsprozess, wie er sich bei allen Kindern vollzieht, betrachten.

Kinder mit Down-Syndrom

Was ist Down-Syndrom?

Das Down-Syndrom ist ein genetischer Defekt, der dazu führt, dass in jeder Zelle des Körpers ein Chromosom zu viel vorhanden ist. Die meisten Kinder haben 46 Chromosomen, 23 aus der Eizelle der Mutter und 23 aus dem Spermium des Vaters. Wenn die Eizelle und das Spermium verschmelzen und somit die erste Zelle, aus der sich dann das Baby entwickelt, produzieren, schließen sich die Chromosomen der Eizelle und des Spermiums zusammen und bilden 23 Chromosomenpaare insgesamt, also 46 Einzelchromosomen.

Das Down-Syndrom entsteht gewöhnlich dadurch, dass entweder im Spermium des Vaters oder in der Eizelle der Mutter ein überzähliges Chromosom 21 vorhanden ist. Wenn also die betroffene

Zelle bei der Befruchtung mit Spermium oder Ei verschmilzt, um die erste Zelle zu produzieren, entsteht eine neue Zelle mit 47 Chromosomen. Das Chromosom 21 ist dreimal statt zweimal vorhanden. Deshalb nennt man diese am häufigsten auftretende Form des Down-Syndroms Trisomie 21. Bei der Entwicklung des Kindes gehen alle weiteren Zellen aus dieser einen hervor. Alle Zellen beinhalten das zusätzliche Chromosom 21. Ungefähr 96% aller Kinder mit Down-Syndrom haben diese Form der Trisomie. Die verbleibenden 4% haben entweder eine Form des Down-Syndroms, die sich »Translokation« nennt und in der das überzählige Chromosom 21 auf eine andere Art und Weise entstanden ist oder die »Mosaikform«, in der nicht alle Zellen von der Chromosomenaberration betroffen sind. Diese selteneren Formen sind für Eltern von Bedeutung, weil sich das Risiko, weitere betroffene Kinder zu bekommen, hier von der »üblichen« Trisomie 21 unterscheidet. Diese Unterschiede sind jedoch für das Verstehen der Entwicklung eines Kindes mit Down-Syndrom nicht relevant. Denn obwohl einige Fachleute der Meinung sind, dass Lernverzögerungen bei »Mosaik«-Kindern weniger stark ausgeprägt sind, gibt es keine Studie, die den Fortschritt von Kindern mit Down-Syndrom unterschiedlicher Formen vergleicht.

Was verursacht das Down-Syndrom?

Zum gegenwärtigen Stand der Forschung ist nicht bekannt, wodurch das überzählige Chromosom in der Eizelle bzw. im Spermium entsteht. Ein Baby mit Trisomie 21 kann in jeder Familie, bei Eltern jeden Alters, jeder Rasse und jeden sozialen Umfeldes geboren werden. Die Statistik sagt, dass auf alle 600 bis 800 (lebend) geborenen Kinder, ein Kind mit Down-Syndrom kommt. Down-Syndrom ist damit die am häufigsten anzutreffende Form der Lernstörung und das, obwohl in vielen Ländern dieser Welt die Früherkennung in den letzten Jahren beinahe die Form eines »Screenings« (also einer routinemäßigen Überprüfung) besonders der Schwangeren über 35 Jahre angenommen hat und in den meisten Fällen zu einem frühzeitigen Abbruch der Schwangerschaft führt. Ein vergleichsweise sicher belegter Risikofaktor ein Kind mit Down-Syndrom zu bekommen, ist das Alter der Mutter: Er liegt mit 20 Jahren bei 1 zu 2000, mit 30 bei 1 zu 1000, mit 35 bei 1 zu 500, bei 40 bei 1 zu 80 und mit 45 bei 1 zu 18 (Hook/ Lindsjo, 1978).

Die wichtigsten körperlichen Auswirkungen des Down-Syndroms

Ein Baby das mit Down-Syndrom geboren wird, weist einige typische körperliche Merkmale auf: Kleine Unterschiede in der Kopfform, der Form der Augen, Ohren und des Nasenrückens, die Arzt oder Hebamme erkennen können, obwohl das nicht immer leicht ist. Einige medizinische Komplikationen sind bei Kindern mit Down-Syndrom häufiger als bei anderen Kindern – sie betreffen aber nicht alle Kinder!

Herzfehler kommen häufig vor. Ungefähr 40% der Kinder mit Down-Syndrom sind davon betroffen und benötigen medizinische Hilfe in Form von Therapien bis hin zu Herzoperationen. Bei den meisten Kindern wird durch eine Operation das Problem gelöst und sie sind danach in der Lage, ein aktives Leben zu führen. Einige Herzfehler jedoch können nicht operativ behoben werden und verringern die Lebenserwartung der Kinder.Die häufigsten physischen Probleme, welche die frühe Entwicklung der Babys behindern sind: Hypotonie (herabgesetzter Muskeltonus), Infektionen der Atemwege (grippale Infekte, Husten, Ohr- und Halsentzündungen) und Beeinträchtigungen der Sinnesorgane. Kinder mit Down-Syndrom sind stark gefährdet, in früher Kindheit unter Beeinträchtigungen des Hör- und Sehvermögens zu leiden. Werden diese nicht korrigiert, kann es, wie auch durch Hypotonie, zu schwerwiegenden Verzögerungen der Entwicklung kommen. Diese Auswirkungen werden später im Kapitel über die frühkindliche Entwicklung noch genauer diskutiert.

Welche Entwicklungsperspektiven kann man erwarten?

Auf diese Frage gibt es bisher noch keine allgemein gültige Antwort. Bis vor kurzem hat man angenommen, dass die Entwicklung aller Kinder mit Down-Syndrom auf das Äußerste verzögert wäre und die meisten zu unselbstständigen Erwachsenen mit schwersten Lernschwächen heranwachsen würden. Man war der Meinung, dass nur ein paar außergewöhnliche Individuen in der Lage wären, etwa Lesen zu lernen, einen einfachen Beruf zu ergreifen und ein gewisses Maß an Unabhängigkeit zu erreichen. Jedes Jahr zeigen die Statistiken aber, dass mehr und mehr junge Erwachsene allein leben und arbeiten können, verschiedenste Berufe ergreifen, sogar Schauspieler werden. Manche lernen Auto zu fahren und schaffen es, in den unterschiedlichsten Bereichen Arbeit zu finden.

Die Hauptgründe für diese Entwicklung liegen in dem immer »normaler« werdenden Umgang mit Behinderten innerhalb der Familie und dem sozialen Umfeld, in der besseren Gesundheitsversorgung und der rechtzeitig beginnenden Frühförderung.

In Großbritannien erhielten Kinder mit Down-Syndrom vor 1971 keinerlei Ausbildung. Von 1971 bis 1981 bekamen sie die Möglichkeit, in Sonderschulen unterrichtet zu werden. Die meisten Kinder mit Down-Syndrom landeten in Schulen für Kinder mit schwersten Lernbehinderungen. Selbst die Lehrer die damals in diesen Schulen arbeiteten, mussten zugeben, dass diese Umgebung alles andere als stimulierend war. Man hatte mehr das Gefühl, in einer Verwahranstalt als in einer pädagogischen Einrichtung zu sein, da niemand die Erfahrung oder das Wissen zu haben schien, einen pädagogisch sinnvollen Lehrplan zu erstellen, der auf die speziellen Lernbedürfnisse der Kinder mit Down-Syndrom zugeschnitten wäre. Kinder mit einer großen Bandbreite unterschiedlich schwerer Behinderungen besuchten diese Schulen und die Lehrkräfte bemühten sich, den Bedürfnissen aller Kinder so gut wie möglich gerecht zu werden. Darüber hinaus versuchten sie, passende Lehrpläne und Lehrmethoden zu erstellen. Die Kinder mussten jeden Tag von ihrem Zuhause in diese Schulen, die meist einen viel zu großen Einzugsbereich hatten, gebracht und wieder abgeholt werden.

1978 wurde das Warnock-Komitee gegründet, um Empfehlungen zur Behebung der bestehenden Unzulänglichkeiten in der pädagogischen Vorsorge für alle Kinder mit besonderen Bedürfnissen auszusprechen. 1981 wurde dann ein neues Gesetz zur Sonderpädagogik verabschiedet, das auf die Vorschläge des Warnock-Komitees zurückging und einige wichtige Grundsätze aufstellte:

1. Die Einschulung von behinderten Kindern soll auf einer angemessenen Beurteilung ihrer pädagogischen Bedürfnisse basieren und nicht wie bisher allein auf einer medizinischen Diagnose.
2. Eltern müssen eine aktive Rolle bei der Bestimmung der pädagogischen Bedürfnisse ihrer Kinder und der Wahl der Schule spielen dürfen.
3. Die pädagogischen Bedürfnisse, auf die man sich geeinigt hat, müssen in einer rechtsverbindlichen Erklärung festgehalten werden.
4. Alle Kinder sollen das Recht haben in einer regulären Schule mit normalen Gleichaltrigen unterrichtet zu werden.

Zwar wurde dieses weitreichende und aufklärende Gesetz von der Masse der Eltern und Lehrer begrüßt, dennoch waren die meisten Schulbehörden in der Umsetzung dieser Forderungen extrem langsam, da man bereits viel Geld in Förderschulen und -abteilungen investiert hatte. Die neuen Forderungen bedeuteten Kosten und nochmals neue Schwierigkeiten bei ihrer Umsetzung. Generell kann man sagen, dass die 80er-Jahre eine enttäuschende Zeit waren, in der die Möglichkeiten des Gesetzes nicht voll ausgeschöpft werden konnten und die meisten Kinder weiterhin in separaten Einrichtungen unterrichtet wurden. Nur die Eltern, die ihre Rechte wirklich begriffen hatten und bereit waren, für sie zu kämpfen, waren in der Lage, ihre Kinder in normalen, öffentlichen Schulen unterzubringen (Getting in on the Act, Audit Commission 1992).

Ende der 80er-Jahre nahmen die Aufnahmezahlen von Kindern mit Down-Syndrom an öffentlichen Schulen aber zu. Nicht nur die persönlichen Erfahrungen von Eltern, Lehrern und Kindern, sondern auch die Ergebnisse von zwei Forschungsarbeiten (Casey u.a. 1988; Sloper u.a. 1990) ergaben, dass der Großteil der Kinder mit Down-Syndrom von einer »normalen« Umgebung profitiert und dadurch enorme Fortschritte macht. Andere Studien betonten den niedrigen Entwicklungsstand, der typisch für diejenigen Kinder ist, die Förderschulen absolvierten. Dieser Missstand erklärt sich nicht aus dem mangelnden Engagement der Lehrer, sondern vielmehr aus der Isolation der dort eingeschulten Kinder von ihrem familiären und sozialen Umfeld.

Heutzutage werden viele Kinder mit Down-Syndrom im schulpflichtigen Alter in normalen Schulen unterrichtet und profitieren davon, in erster Linie als Kind akzeptiert zu werden. Je mehr über die spezifischen Anforderungen und Lernbedingungen der Kinder bekannt wird, um so besser sind die Schulen in der Lage, geeignete Lehrmethoden mit höheren Lernzielen zu entwickeln. Soziales Bewusstsein, Berufsausbildungschancen und die Möglichkeiten ein unabhängiges Leben zu führen, wachsen beständig an, sodass man in 20 Jahren vielleicht in der Lage sein wird, festlegen zu können, welche Grenzen das Down-Syndrom der Entwicklung von Kindern wirklich setzt.

Eine Schlussfolgerung wird dann vermutlich sein, dass die Bandbreite der Entwicklungsperspektiven sehr groß ist - noch größer als im Moment. Manche Kinder sind wesentlich stärker beeinträchtigt als andere und es wird immer einige geben, die unter schweren und vielfachen Behinderungen leiden müssen. Dennoch werden die meisten von ihnen mehr erreichen können, als wir im Moment vielleicht erwarten mögen. Dies unterstreicht die Notwendigkeit, die auch das Warnock-Komitee betont, Kinder mit Down-Syndrom als Individuen, unabhängig von ihrer genetischen Veranlagung zu betrachten und ihre Lernbedürfnisse individuell abzuschätzen und zu bewerten, ohne sich von der Diagnose Down-Syndrom allein leiten zu lassen.

Mit Mythen aufräumen

Heterogenität, Grenzen und Plateau

Im Gegensatz zum weitverbreiteten Glauben, sagt die Diagnose Down-Syndrom weder eine unabänderliche Entwicklung voraus, noch setzt sie dem Vorankommen eines Kindes eine unvermeidliche Höchstgrenze. Viele Autoren haben ihre Aufmerksamkeit auf die weite Entwicklungsspanne von Kindern mit Down-Syndrom gerichtet und Beweise gefunden, die hartnäckige Vorurteile über die Entwicklung von Kindern mit Down-Syndrom zunichte machen (z.B. Rynders/ Horrobin, 1990; Crombie/ Gunn/ Hayes, 1991).

Mary Crombie, Pat Gunn and Alan Hayes arbeiten an der Universität Oueensland, Australien, wo seit mehr als 20 Jahren ein Forschungsschwerpunkt auf den Auswirkungen des Down-Syndroms auf die Entwicklung des Kindes liegt. In ihrem Forschungsbericht veröffentlichten sie die Ergebnisse von zwei Langzeitstudien, in welchen sie Kinder vom Kleinkindalter über ihre Jugend bis hin zum Erwachsenenalter begleiteten. Sie ziehen mehrere Schlussfolgerungen aus ihrer Arbeit:

Erstens, dass es eine sehr breite Entwicklungsspanne bei Menschen mit Down-Syndrom gibt, wobei einige schneller als andere vorankommen.

Zweitens, dass es keinerlei Belege dafür gibt, dass Kinder mit Down-Syndrom vor dem Erwachsenenalter ihre höchste, kognitive Leistungsfähigkeit erreichen.

Drittens, dass das Entwicklungspotenzial bei denjenigen, die eine Frühförderung erhalten haben, genauso groß ist, wie bei denjenigen, die nicht in deren Genuss kamen.

In einer anderen Studie bespricht das Team aus Australien andere Veröffentlichungen und hebt hervor, dass sich der hartnäckige, aber ungerechtfertigte Glaube, alle Menschen mit Down-Syndrom wären in ihrer Entwicklung gleich, gehalten hat, aber durch neueste Untersuchungen widerlegt werden kann. In dieser zweiten Studie wird die Annahme eines Entwicklungsplateaus in der Pubertät ebenfalls widerlegt.

Abnahme des IQ

Um die Fähigkeiten von Kindern mit Down-Syndrom einzuschätzen, wurden über Jahre hinweg Intelligenztests herangezogen. Das sind standardisierte Tests, die eine Reihe von untergeordneten Tests beinhalten, um verschiedene Wissensbereiche, die Merkfähigkeit und das logische Denken von Kindern messen zu können. Die untergeordneten Tests konzentrieren sich gewöhnlich auf Fähigkeiten, die sich während des Heranwachsens stark verändern. Die Standardisierung der Tests erlaubt es den Testern, die einzelnen Ergebnisse mit denen anderer Kinder gleichen Alters zu vergleichen, um herauszufinden wie ein Kind im statistischen Vergleich abschneidet. Obwohl man heute erkannt hat, dass Intelligenztests nur einen eingeschränkten Aussagewert für die Beurteilung der pädagogischen Bedürfnisse eines Kindes besitzen, wurden sie lange Zeit in Forschungsstudien verwendet.

Die Auswertungen von IQ-Tests bestätigen fast immer, dass die Ergebnisse mit zunehmenden Alter schlechter werden. Auch wenn sich diese Tatsache nicht bestreiten lässt, wird sie dennoch häufig missinterpretiert. Man schließt nämlich daraus, dass auch die Fähigkeiten von Menschen mit Down-Syndrom mit dem Alter nachlassen. In der Tat ist es aber so, dass die Ergebnisse der Kinder in vielen Bereichen stetige Verbesserungen zeigen. Sie machen kontinuierlich Fortschritte, lernen mehr und erwerben jedes Jahr neue Fertigkeiten. Allerdings kommen sie langsamer voran als die gesunden Kinder, mit denen sie jedes Jahr verglichen werden. Das bedeutet also, dass ihr standardisiertes IQ-Testergebnis jedes Jahr schlechter wird, auch wenn sie kontinuierlich Fortschritte machen und sich ihre Ergebnisse in Beziehung zum »Mental Age« immer weiter verbessern.

Das »Mental Age« erhält man im Vergleich mit dem Alter eines gesunden Kindes, dass das gleiche Testergebnis wie das getestete Kind erreichen würde. Das »Mental Age« wird normaler Weise in Monaten ausgedrückt.

Zusammenfassung

Das Down-Syndrom ist eine recht häufig auftretende Chromosomenanomalie, die aus einem in jeder Körperzelle dreifach vorhandenen Chromosom 21 resultiert. Einige, aber nicht alle, der betroffenen Kinder haben physische Behinderungen, die ihre Entwicklung beeinträchtigen können. Die am häufigsten auftretenden sind: Hypotonie, Herzfehler, sowie Hör- und Sehfehler.

Kinder mit Down-Syndrom sind nicht alle gleich. Jedes macht ganz unterschiedliche Fortschritte: Manche Kinder kommen in ihrer Entwicklung auf einigen Gebieten beinahe ganz normal voran, während andere auf fast allen Gebieten extrem hinterherhinken. Jüngste Beweise belegen, dass Kinder mit Down-Syndrom – wie alle anderen auch – von den Vor- und Nachteilen der Gesundheitsversorgung, ihres sozialen Umfeldes, ihrer Position innerhalb der Familie, ihres Geschlechtes, sowie der Qualität ihrer Schule, um nur einige zu nennen, beeinflusst werden. Weitere Forschungsarbeit auf diesem Gebiet ist nötig, um die Unterschiede in der Entwicklung dieser Kinder hinlänglich erklären zu können.

Es gibt keinen Beweis, der das allgemeine Vorurteil unterstützt, dass die Lernfortschritte von Kindern mit Down-Syndrom mit zunehmendem Alter tatsächlich nachlassen und sie im Übergang zum Erwachsenenalter die Höchstgrenze ihrer geistigen Entwicklung erreichen.

Frühkindliche Entwicklung

Wie entwickeln sich Kinder?

Wie entwickeln sich Kinder von hilflosen, neugeborenen Babys zu Schulkindern, die ein Wissen an den Tag legen, das man von durchschnittlichen Sechsjährigen erwarten kann? Für alle Kinder ist diese Entwicklung ein Prozess von Wachsen und Lernen. Entwicklung ist abhängig vom angeborenen Potenzial eines Kindes, seinem Umfeld und den sich daraus ergebenden Möglichkeiten zu lernen. Jedes Kind ist einzigartig, mit seinem eigenen ihm innewohnenden Potenzial und einem individuellen Spektrum von Erfahrungen. Psychologen wie Sameroff und Chandler (1975) haben der Tatsache, dass die kindliche Entwicklung nicht ohne Einflüsse von außen verläuft, besondere Aufmerksamkeit geschenkt. Babys stehen in einer Wechselbeziehung mit ihrem Umfeld und den Menschen, die sie umgeben (s. Sameroff, 1987).

Der Verstand von Kindern entwickelt sich im Laufe der Zeit zu etwas Einzigartigem, da er individuelle Erfahrungen und das gesamte Wissen beinhaltet, welches das Kind lernen konnte. Der Verstand ist dabei davon abhängig, wie gut das erworbene Wissen verarbeitet werden kann.

Psychologen nennen die Fähigkeit zu denken, sich zu erinnern und Überlegungen anzustellen »Erkenntnis«. Diese Fertigkeiten bestimmen auch die »Intelligenz« eines Kindes. Psychologen wie Vygotsky und Bruner haben die soziale Natur der kognitiven Entwicklung von Kindern erläutert. Lernen findet zu einem großen Teil durch Interaktion mit anderen statt, sowohl mit anderen Kindern wie auch mit Erwachsenen. Somit beeinflussen die Qualität und die Quantität dieser Interaktionen entscheidend die Fortschritte eines Kindes (siehe dazu Schaffer, 1992).

Die Entwicklung von behinderten Babys ist somit, wie die aller Babys, stark von der Qualität ihrer Erfahrungen und von ihren Sozialkontakten, wie auch von den angebotenen Lernmöglichkeiten, abhängig. In der Tat sind einige Autoren sogar der Meinung, dass die Entwicklung behinderter Kinder noch viel mehr von der Qualität ihrer frühesten Umgebung abhängig ist, da sie weniger in der Lage sind, schlechte Erfahrungen zu kompensieren (z.B. Rauh u.a., 1990). Mit dem Wissen, dass die kindliche Entwicklung dynamisch und interaktiv verläuft, werden wir nun einige Hauptmerkmale der Entwicklung eines Kindes von der Geburt an betrachten und wie diese durch das Down-Syndrom beeinflusst werden.

Das erste Lebensjahr

Soziale und emotionale Entwicklung

Für alle Babys ist Entwicklung ein Prozess des Wachsens und Lernens. Von Tag zu Tag, von Woche zu Woche wächst ihr Erfahrungsschatz und sie beginnen Schlüsse aus diesen Erfahrungen zu ziehen. Die wichtigste Erfahrung in der Umgebung von Säuglingen ist der physische Kontakt mit den Menschen, die sie sehen, hören, fühlen und riechen, wenn sie hochgenommen, gefüttert, gebadet und liebkost werden. Es ist nicht überraschend, dass die meisten frühen Reaktionen eines Babys sozialer Art sind, wenn es lacht und per Augenkontakt mit Erwachsenen von der sechsten Lebenswoche an Verbindung aufnimmt. Die Grundlagen der Kommunikation werden durch diese frühesten Begegnungen gelernt. Babys lernen, aktiv zu kommunizieren und gleichzeitig zuzuhören und sie lernen ebenfalls, wie man eine andere Person dazu bringt zu reagieren. Durch die Veränderungen in Mimik, Körpersprache und Stimmlage ist es ihnen möglich, glückliches, verärgertes oder trauriges Verhalten zu unterscheiden, zu erkennen und auch auszudrücken. Sie lernen langsam, die Gefühle anderer Menschen zu verstehen und zu deuten. So beginnen sie zu lernen, wie man sich in Gesellschaft anderer richtig benimmt, Einfluss auf andere nimmt und Gefühlsregungen versteht.

Zwar kann es bei Babys mit Down-Syndrom etwas länger dauern bis sie beginnen, erkennbar zu lächeln, Augenkontakt aufzunehmen und sich anderen zuzuwenden, aber die Fortschritte, die sie auf diesen Gebieten machen, entsprechen im Grunde genommen denen eines ganz gesunden Kindes. Sie sind an Menschen interessiert, sehr mitteilsam und empfänglich für jede Aufmerksamkeit, die ihnen zuteil wird. Sie behalten diese frühen Verhaltensmuster sozialer und emotionaler Entwicklung und die Fähigkeit nonverbaler Kommunikation gewöhnlich auch in späteren Jahren bei.

Motorische Entwicklung

In den ersten Monaten ihres Lebens sind Babys bei jeder ihrer Handlungen auf andere Menschen angewiesen. Im vierten Lebensmonat aber beginnen sie, selbst nach Dingen zu greifen und diese zu berühren, was ihre Möglichkeiten steigert, etwas über die fassbare Welt um sie herum zu lernen und ihre Hand-Auge-Koordination zu verbessern. Im Lauf der Zeit beginnen die Babys, unabhängige Bewegungen zu entwickeln. Sie lernen sich zu rollen, sich aufzusetzen, zu krabbeln, aufzustehen und zu laufen. Diese Fortschritte in der Motorik erweitern die Welt eines Kindes unwahrscheinlich. Sie lernen, ihre Feinmotorik noch besser zu koordinieren und ihre wachsende Mobilität befähigt sie, auf Entdeckungsreise zu gehen oder mit anderen Kindern und Erwachsenen zusammen zu sein.

Diese Erfahrungen, die sie in der Berührung mit ihrer Umwelt und durch soziale Interaktion gemacht haben, beeinflussen die Rate und die Geschwindigkeit der kognitiven Entwicklung.

Die motorische Entwicklung ist bei den meisten Babys mit Down-Syndrom verzögert, was wiederum die kognitive Entwicklung behindert. Da sie später lernen zu greifen, zu krabbeln oder zu gehen, sind sie besonderen Defiziten unterworfen. Spezielle Übungen können im ersten Lebensjahr helfen, diese Situation zu verbessern und diese Verzögerung zu verringern.

Visuelle Erforschung und Augenkontakt

In der zweiten Hälfte des ersten Lebensjahres beginnen die Babys weniger Zeit ihrer Wachphasen in Interaktion mit Anderen zu verbringen, sondern vermehrt damit, sich ihre Welt anzusehen. Diese Steigerung des Interesses an der Umwelt in Verbindung mit der gestiegenen Mobilität bedeutet, dass sie über den Kontakt mit den sie umgebenden Menschen hinaus, nun beginnen, etwas über ihre Umgebung zu lernen. Zum Ende des ersten Lebensjahres benutzen Babys mehr und mehr den Augenkontakt, um Aufmerksamkeit von Erwachsenen zu erlangen.

Die Babys beginnen nun, den Augenkontakt bewusst einzusetzen. Hat es die Aufmerksamkeit eines Erwachsenen auf sich gezogen, wird sich das Baby umdrehen und auf das, was es getan hat oder interessiert, schauen oder zeigen und somit versuchen, die Aufmerksamkeit des Erwachsenen darauf zu lenken. In diesem Fall wird der Erwachsene wahrscheinlich dem Kind erklären, was es da gerade tut oder betrachtet oder beginnen, sich mit dem Baby und der Sache zu beschäftigen.

Dieses Verhalten der »verstärkenden Aktion« wird für die kognitive Entwicklung eines Babys als äußerst wichtig erachtet. Es handelt sich hier um Situationen, in denen Erwachsene Kindern vormachen, wie sie Dinge tun können, mit denen sie allein noch nicht fertig werden. Psychologen sehen in diesem Vorgang eine Art Gerüst für das Lernverhalten von Kindern. Eltern zeigen dieses Verhalten in den Vorschuljahren ihrer Kinder ganz automatisch viele Male am Tag. Zu dieser »Unterstützungsarbeit« gehört es auch, wenn Erwachsene dem Kind die Worte vorsprechen, die es noch nicht kennt oder die sein Tun beschreiben. Daraus folgt, dass diese Begebenheiten für den Spracherwerb enorm wichtig sind und Unterschiede in der Sensibilität der Eltern die Geschwindigkeit, mit welcher das Vokabular der Kinder wächst, beeinträchtigen können (s. Harris, 1992).

Studien, die in Großbritannien von Cliff Cunningham und seinen Kollegen am Hester-Adrian-Zentrum der Universität Manchester durchgeführt wurden, haben sich eingehend mit den Kommunikationsfähigkeiten von Babys mit Down-Syndrom im ersten Lebensjahr beschäftigt. Man hat dort herausgefunden, dass sie in der Mitte des ersten Lebensjahres in ihren sozialen Kontakten, dem direkten Augenkontakt und den »Plapper-Spielen« so gut wie alle anderen Babys abschneiden, aber zum Ende des Jahres hin den Anschluss verlieren, da sie die Zeitspanne, in der sie ihre Welt visuell erkunden, nicht im selben Maße steigern, wie es die übrigen Babys tun. Darüberhinaus benutzen sie nicht den bewussten Augenkontakt, der die »verstärkende Aktion« hervorruft (s. Berger, 1990 für einen Überblick über die Forschungsarbeit).

Das bedeutet, dass Kinder mit Down-Syndrom langsamer etwas über die physische Welt um sie herum lernen als gesunde Babys gleichen Alters. Das wird noch dadurch verstärkt, dass sie im Allgemeinen weniger mobil sind und ihre Feinmotorik schlechter entwickelt ist. Das bedeutet auch, dass sie wesentlich weniger Möglichkeiten des Spracherwerbs haben und weniger Hilfe und Anleitung beim Spiel erfahren. Beurteilungen, die Ende des ersten Lebensjahres durchgeführt wurden, zeigen das Ergebnis, das man vielleicht erwarten könnte: Die Babys mit Down-Syndrom erreichen normale Fähigkeiten in ihrer sozialen Entwicklung und geringere in der motorischen und kognitiven Entwicklung sowie beim Spracherwerb.

Das zweite Lebensjahr

Sprachentwicklung

Der wichtigste Schritt in der Entwicklung eines Kindes im zweiten Lebensjahr ist das Sprechenlernen. Die meisten Kinder beginnen kurz nach ihrem ersten Geburtstag, die ersten, einzelnen Worte zu sprechen, wobei die ersten zehn verhältnismäßig langsam erlernt werden. Man kann von einem Fortschritt von ungefähr einem bis drei Worten im Monat ausgehen. Das Tempo des Erwerbs neuer Worte erhöht sich dann jedoch erstaunlich schnell und steigt zwischen dem 19. Monat und dem zweiten Lebensjahr normaler Weise auf ungefähr 25 Worte pro Monat an. Die Geschwindigkeit des Lernens steigt weiterhin an, sodass ein durchschnittliches fünfjähriges Kind über ein Vokabular von mehr als 2000 Worten verfügt und in der Lage ist in ganzen Sätzen zu sprechen und die meisten Regeln in Bezug auf Grammatik und Syntax zu beachten. Dennoch darf nicht vergessen werden, dass dies Durchschnittsangaben sind und das Tempo mit dem einzelne Kinder Sprechen lernen stark variieren kann. Bei einer Studie wurde eine Gruppe von 23 Kindern ein Jahr lang beobachtet. Drei unterschiedliche Gruppen der »Sprachbegabung« konnten identifiziert werden: Die »durchschnittliche« Gruppe mit 11 Kindern, die 23 Worte in einem Monat lernte; die »schnelle« Gruppe von acht Kindern, die 38 Worte im gleichen Zeitraum erlernte und die »langsame« Gruppe, die aus vier Kindern bestand und nur 5,6 Worte dazulernte (Miller u.a., 1992).

Sprachverständnis

Bevor Kinder Worte zur Kommunikation nutzen können, müssen sie diese auch verstehen. Um die Bedeutung von Worten verstehen zu lernen, müssen die Kinder die zu lernenden Worte in einer Situation hören, die es ihnen erlaubt, eine Verbindung zwischen Wort und Handlung/Objekt zu ziehen. Es ist daher nicht überraschend, dass die ersten 100 Worte, die Kinder sprechen können, sehr ähnlich klingen und die darüber hinaus denen entsprechen, die sie innerhalb der Familie am häufigsten hören. Das sind in erster Linie Worte für Gegenstände, Tätigkeiten und Personen. Das Sprechenlernen ist eine äußerst schwierige Aufgabe und zum Teil davon abhängig, ob die Kinder ein gutes Hörvermögen besitzen. Die meisten Kinder lernen ihre Muttersprache ganz natürlich dadurch, dass sie Anderen zuhören und dann versuchen, sie nachzuahmen. Kinder mit Down-Syndrom lernen, ebenso wie alle Kinder, ihr erstes Vokabular zu verstehen, nur langsamer.

Sprechen

Erhalten Kinder mit Down-Syndrom zu spät ein intensives Sprachtraining, verlangsamt sich ihr Spracherwerb erheblich. Aber selbst wenn sie intensive Hilfe erhalten, kann es immer noch lange dauern, bis sie ausreichend gut sprechen können. Allerdings können sie häufig früh mit Zeichen zeigen, was sie wollen, bevor sie in der Lage sind, ihre Wünsche auszusprechen.

Forschungsergebnisse, vor allem die Arbeiten von Jon Miller und seinem Team an der Universität von Wisconsin, haben gezeigt, dass drei von vier Kindern mit Down-Syndrom Sprachstörungen haben und deshalb Verzögerungen beim deutlichen Hervorbringen von Wörtern auftreten können, auch wenn die Kinder genau wissen, was sie eigentlich sagen wollen. Millers Arbeiten zeigen auf, dass die Artikulationsfähigkeit der Auffassungsgabe von 75% aller Kinder mit Down-Syndrom ab dem 18 Monat hinterherhinkt. Bei den verbleibenden 25% entspricht das Sprachlevel der Kinder ihrem Sprachverständnis (Miller, 1988). Es gibt jedoch noch eine Anzahl von Gründen für die Sprachverzögerung bei Kindern mit Down-Syndrom. Neben den selteneren Lernmöglichkeiten durch weniger häufige »verstärkende Aktionen« und den besprochenen Schwierigkeiten beim Hervorbringen von Sprache, leiden viele Kinder mit Down-Syndrom unter Hörstörungen bis hin zur Schwerhörigkeit.

Hörverlust

Eine relativ große Zahl von Kindern mit Down-Syndrom erleidet schon in den frühesten Jahren einen Hörverlust (Cunningham/McArthur, 1981). Bei den meisten Kindern ist dieser Hörverlust nicht permanent und hat seine Ursache in einer Blockade des Mittelohres, die durch Infektionen hervorgerufen wird. Es gibt jedoch auch eine Minderheit, die unter permanenter Taubheit leidet. Es ist daher von entscheidender Wichtigkeit, dass das Gehör eines Kindes mit Down-Syndrom regelmäßig untersucht wird und es eine angepasste Behandlung erfährt. Trotz des zunehmenden Bewusstseins gegenüber den Risiken, ist es oft leider immer noch der Fall, dass nicht alle Kinder mit Down-Syndrom eine angemessene Untersuchung ihres Gehörs und/oder die beste medizinische Versorgung erhalten, wenn die Diagnose eines schweren Hörverlustes erst einmal gestellt wurde.

Daher ist es möglich, dass ein großer Teil der Sprachverzögerung, der in vielen Studien über Erwachsene mit Down-Syndrom beschrieben wird, auf Schwierigkeiten mit dem Gehör in frühen Jahren, der wichtigsten Zeit des Spracherwerbs, zurückzuführen ist. Hier eröffnet sich ein wichtiges Forschungsgebiet, da es keine Langzeitstudien gibt, die Informationen und Berichte über die Entwicklung des Gehörs von Kindern mit Down-Syndrom liefern könnten.

Verschlechterte Wahrnehmung durch Hörschäden

Beweise für die verschlechterte auditive Wahrnehmung von Kleinkindern konnten aus der Beobachtung von Babys, die Zeichen benutzten, gezogen werden. Pat Le Prevost, ein bekannter Sprachtherapeut in Großbritannien, hat zum Beispiel untersucht, welche Auswirkungen es hat, wenn man Kindern mit Down-Syndrom Zeichen beibringt. Er beobachtete, dass eines der untersuchten Kleinkinder einen »tree« (Baum) zeigte, als man das Wort »cheese« (Käse) zu ihm sagte (Le Prevost, 1986). Dieses Kind wies keine Hörschwäche auf, wenn man es einem normalen Hörtest unterzog. Es hatte aber Schwierigkeiten ähnlich klingende Worte auseinander zu halten, eine Aufgabe, die nicht das Ohr selbst, sondern der auditive Cortex des Gehirns erledigen muss. Bedenken sie die Schwierigkeiten, die ein Kind mit diesem Problem haben muss, wenn es sich bemüht, Bedeutungen von Worten zu lernen. »Cheese«, »trees«, »knees«, jedes Wort mag für das Kind gleich klingen, aber jedes hat eine völlig andere Bedeutung. Wie kann Sprache für ein solches Kind jemals einen Sinn ergeben? Die Verbreitung auditiv-rezeptioneller Probleme bei Kindern mit Down-Syndrom ist noch nicht näher erforscht, ähnelt aber dem »Krankheitsbild« anderer Kinder, die kein Down-Syndrom haben.

Zeichen

Seit die Pionierarbeit von Pat Le Prevost aus Oxford erstmals bewiesen hat, welchen Bedeutung die Zeichensprache hat, Babys mit Down-Syndrom zu helfen, haben weitere Forschungsarbeiten ihren Wert untermauert. Miller hat aufgezeigt, dass Kinder mit Down-Syndrom Worte so schnell wie andere Kinder lernen können, wenn sie mit Hilfe von Zeichen unterrichtet werden (Miller u.a., 1992). Sie zeigen genau wie die übrigen Babys, die er beobachtet hat, unterschiedliche Fortschritte. In einer Gruppe von 20 Kindern mit Down-Syndrom waren neun in der »durchschnittlichen« Gruppe, die 23 Worte im Monat lernte und elf waren in der »langsamen« Gruppe mit ungefähr sechs neuen Worten pro Monat. Keines der Kinder mit Down-Syndrom war allerdings in der »schnellen« Gruppe.

Einige der Gründe warum die Verwendung der Zeichensprache Kindern mit Down-Syndrom hilft, werden für den Leser vielleicht bereits erkennbar sein. Die Zeichen helfen, die Auswirkungen von Schwerhörigkeit bzw. von Hörstörungen und die dadurch hervorgerufenen Wahrnehmungsprobleme zu verringern. Das Lernen von Zeichen kann Kinder mit Down-Syndrom zu spontaner Kommunikation befähigen und anfängliche Lernverzögerungen kompensieren. Können die Kinder erst einmal Worte aussprechen, neigen sie dazu, die Zeichen zu Gunsten der Sprache wegzulassen. Sie sollten jedoch weiterhin dazu ermuntert werden, die Zeichen für Worte, die sie nur schwer aussprechen können, zu nutzen, da es dadurch Personen in ihrer Umgebung leichter fallen wird, sie zu verstehen.

Ein positives Nebenprodukt des Spracherwerbs mit Hilfe von Zeichen ist es, dass die Lehrperson dadurch in vieler Hinsicht zu einem besseren Sprachlehrer wird. Dieser Lehrer (meistens ist es ein Elternteil) lernt die Zeichen für das erste Vokabular von dem man annimmt, dass es ein Baby versteht und konzentriert sich darauf, dieses Vokabular durch Wiederholung und sorgfältige Betonung dem Kind beizubringen. Der Lehrer sollte darauf achten, dass das Kind ihn immer anschaut, damit es das zu erlernende Zeichen gut sehen kann. Dadurch werden der Augenkontakt, die Fähigkeit zum Zuhören und die Aufmerksamkeit angeregt. Es stellt zusätzliche Anforderungen an ein Kind, wenn es Zeichen lernen muss, um einen Gegenstand oder eine Handlung zu verstehen. Forschungen belegen aber, dass Kinder mit Down-Syndrom mit dieser Belastung fertig werden können und durchaus davon profitieren.

Kognitive Entwicklung

Die Rolle der Sprache

Im zweiten Lebensjahr vermehrt sich das Wissen des Kindes und sein Verständnis für seine Umgebung rapide. Die Verbesserung seines Sprachvermögens ist ein wichtiges Element des Lernverhaltens. Wenn Kinder erst einmal reden können, eröffnet sich ihnen eine ganze Reihe von neuen Lernmöglichkeiten. Sie können Fragen stellen; Eltern können Dinge, die außerhalb ihrer unmittelbaren Erfahrung liegen, erklären und sie können darüber reden, was gestern passiert ist oder was morgen passieren wird. Sprache ist wichtig, um sich Wissen anzueignen, für die soziale Interaktion und sie ist ein wichtiges Instrument des Denkens und Erinnerns.

Aus unserer Sicht ist es sehr wahrscheinlich, dass jedes Kind, das beim Sprachverständnis und Spracherwerb Verzögerungen zeigt, bei der kognitiven Entwicklung ebenfalls Verzögerungen aufweisen wird. Wenn, wie es bei den meisten Kindern mit Down-Syndrom der Fall ist, die Sprache eines Kindes also nicht genau sein Verständnisniveau widerspiegelt, ist die Gefahr gegeben, dass Erwachsene die Fähigkeiten des Kindes unterschätzen und ihm deshalb nicht die angemessenen Lernerfahrungen bieten können. Von noch größerer Bedeutung ist die Tatsache, dass ein Kind häufiger sprechen wird, je öfter man mit ihm redet. Ein Großteil der Kommunikation zwischen Kind und Erwachsenem geht, sobald Kinder sprechen können, vom Kind aus. Kinder stellen dann Fragen, kommentieren Ereignisse oder bitten um Hilfe.

Wenn Kinder mit Down-Syndrom also weniger »Konversation« betreiben als normale Kinder ihres Alters, wie es bei den meisten in frühen Jahren leider der Fall ist, heißt das, dass die Möglichkeiten Neues zu lernen geschmälert werden. Es bedeutet außerdem, dass sie weniger Sprecherfahrung besitzen, die sie befähigen würde, neue Worte und Satzstrukturen zu lernen. Somit fehlt ihnen die nötige Praxis, ihre Sprachproduktion zu verbessern. Sprechen ist vor Allem auch eine motorische Fertigkeit und jegliche motorische Fertigkeit verbessert sich durch Übung.

Die Rolle des Spielens

In den ersten Lebensjahren erfahren Kinder ihre Umwelt durch Erorschung und Spiel, egal ob allein oder mit anderen Kindern. Während Forschungsergebnisse aufzeigen, dass sich das Spielen von Kindern mit Down-Syndrom ähnlich dem von anderen Kindern entwickelt, hat uns die Erfahrung gelehrt, dass Kinder mit Down-Syndrom häufig zum Spielen angehalten werden müssen. Besonders dann, wenn es um phantasievolles Spielen geht, benötigen sie mehr Hilfe.

Gegenstandskonzepte

Einem Aspekt kognitiver Entwicklung von Kindern wurde von Psychologen seit den klassischen Arbeiten von Piaget besonders große Aufmerksamkeit geschenkt, nämlich dem des begrifflichen Erfassens der Eigenschaften von Gegenständen bzw. Sachverhalten. Jennifer Wishart von der Universität Edinburgh hat gerade diesen Aspekt der kognitiven Entwicklung von Babys mit Down-Syndrom betrachtet und ist zu erstaunlichen Ergebnissen gekommen (s. Wishart, 1993). Ihre Forschung hat ergeben, dass einige Kleinkinder mit Down-Syndrom zur gleichen Zeit wie andere Kinder die Voraussetzungen für die verschiedenen Phasen der Entwicklung eines Gegenstandskonzeptes an den Tag legen. Sie sind aber nicht im selben Maße wie nicht beeinträchtigte Kinder in der Lage, ihre Leistungen zu üben und zu festigen, sodass es nicht selten vorkommt, dass sie in der einen Woche Leistungen und Aufgaben erfüllen, sie aber in der nächsten Woche nicht mehr vollbringen können. Diese Unbeständigkeit konnte nur bei Kindern mit Down-Syndrom nachgewiesen werden.

Bei Tests, zeigten Kinder mit Down-Syndrom größere Empfindsamkeit gegenüber Fehlschlägen als andere Kinder. Wenn man ihnen beispielsweise eine Aufgabe vorgab, die sie überforderte, musste man häufig mit einem Verhalten, das man »Abschalten« nennt, rechnen. Die Kinder versuchten, durch geschickte, wenn auch unangebrachte Nutzung ihrer gut ausgeprägten sozialen Fertigkeiten, die Aufmerksamkeit des Lehrers durch Interaktion und Spiel auf sich zu ziehen und somit von der eigentlichen Aufgabe abzulenken. Diese Ergebnisse legen nahe, dass Kinder mit Down-Syndrom vor allem beim

Üben und Festigen von neuem Wissen und neuen Fertigkeiten Hilfe benötigen. Deshalb ist es sinnvoll Lerntechniken zu verwenden, mit deren Hilfe die Kinder lernen können, Selbstvertrauen aufzubauen und die Tendenz des »Abschalt«-Verhaltens zu verringern und damit die Verzögerung ihres Lernfortschrittes.

Entwicklung ab dem dritten Lebensjahr

Die Weiterentwicklung der Sprache

Haben Kinder erst einmal ein Vokabular von 50 oder mehr einzelnen Worten erreicht, gewöhnlich im Alter zwischen drei und sechs Jahren, beginnen sie, zunächst zwei dieser Worte, dann drei und vier zu kombinieren, wobei auch der korrekte Gebrauch von Syntax und Grammatik zunimmt. Obwohl Kinder mit Down-Syndrom die gleiche Kompetenz in Zwei-Wort-Sätzen aufweisen wie andere Kinder und später auch drei und vier Worte kombinieren, ergeben die meisten Untersuchungen, dass die Mehrheit große Schwierigkeiten hat, die Regeln für Grammatik und Syntax zu beherrschen. Sprache im »Telegrammstil« ist das Ergebnis, das für viele Kinder, Jugendliche und sogar Erwachsene mit Down-Syndrom heute leider noch vielfach die Norm darstellt. Sie verbinden einzelne Worte in der Art und Weise miteinander, dass es zwar möglich ist, sie zu verstehen, aber die grammatikalische Richtigkeit auf der Strecke bleibt. Funktionsworte wie Artikel, Hilfsverben und Präpositionen werden häufig einfach weggelassen (s. Miller, 1987-1988; Rondal,1988).

Verständnisschwierigkeiten

Dieser Telegrammstil und die geringe Sprachproduktion führen dazu, dass sich die meisten Kinder mit Down-Syndrom nur schlecht verständlich äußern können. Die Schwierigkeit liegt darin, lange Wortketten zu bilden und diese wird um so größer, je länger die geplante Äußerung werden soll. Als Folge davon stehen Kinder mit Down-Syndrom immer wieder vor Problemen, sich richtig auszudrücken, was natürlich sehr frustrierend sein kann. Glücklicherweise scheinen die meisten Kinder sich davon nicht bremsen zu lassen, da sie sehr darauf erpicht sind, zu kommunizieren. Viele gehen dazu über, zu gestikulieren und sich so verständlich zu machen. Andere bemühen sich dagegen vielleicht weniger darum, eine Konversation aufrechtzuerhalten, als sie das tun würden, wenn die oben beschriebenen Schwierigkeiten nicht bestünden oder geben die entsprechenden Versuche vielleicht ganz auf.

Die meisten Forschungen ergaben, dass Eltern von Kindern mit Down-Syndrom, zumindest in der Ein- bis Zwei-Wort-Phase, ganz normal mit ihnen sprechen. Es ist allerdings nicht belegt, dass dieses eigentlich vorbildhafte Verhalten kontinuierlich durchgehalten wird. Es ist vielmehr sehr wahrscheinlich, dass die Schwierigkeiten, die Kinder mit Down-Syndrom bei der Sprachproduktion haben, die Art und Weise wie mit ihnen gesprochen wird beeinflussen, wie dies bereits für andere Fälle von Sprachbehinderungen bei Kindern nachgewiesen wurde (z.B. Wood u.a., 1986). Haben Kinder also Schwierigkeiten bei der Sprachproduktion, können Eltern auf vielerlei Art und Weise allzu hilfsbereit sein, indem sie zum Beispiel Fragen stellen, die mit nur einem Wort beantwortet werden können oder indem sie alle Worte, die in der Äußerung des Kindes fehlen, für sie einfüllen.

Obwohl solche Strategien es für das Kind zwar kurzzeitig einfacher machen, verstanden zu werden, verzerren sie die natürlichen Bedingungen des Spracherwerb des Kindes und behindern möglicherweise sogar seine Fähigkeit, längere Äußerungen zu entwickeln, wie die Forschungen von Wood an hörgeschädigten Kindern gezeigt haben. Nachdem er den Eltern die Problematik erläutert hatte, bat er sie, die Kommunikation mit ihren Kindern zu verändern, woraufhin sich die Sprachfähigkeiten der Kinder prompt verbesserten. Der Schluss, der daraus gezogen wurde, war, dass übereifrige Eltern ihre Kinder tatsächlich bei der Sprachentwicklung behindern.

Kurzzeitgedächtnis

Die begrenzte Entwicklung des Audio-Kurzzeitgedächtnisses ist eines der besonderen Probleme bei den meisten Kindern mit Down-Syndrom, die zu Schwierigkeiten beim Erlernen grammatikalischer und syntaktischer Regeln beiträgt. Der Begriff Audio-Kurzzeitgedächtnis bezieht sich auf den Teil des Gedächtnisses, der dazu genutzt wird, gesprochene Informationen so lange zu speichern, bis sie verarbeitet werden können. Dieser Speicher wird genutzt, wenn man Gesprochenem zuhört, während man es verarbeitet oder beispielsweise, um sich eine Telefonnummer zu merken, während man sie wählt. Dieses letzte Beispiel veranschaulicht eine der Strategien, die sich die meisten Kinder aneignen, um Informationen zu behalten, sehr gut – nämlich die des Wiederholens. Die meisten Menschen sind sich dieser Wiederholungen bewusst, sie sprechen sich die Telefonnummer immer wieder vor, um sicher zu gehen, sie während des Wählens nicht zu vergessen.

In der Kindheit erhöht sich die Menge der Information, die im Audio-Kurzzeitgedächtnis gespeichert werden kann. Eine Art die Gedächtnisspanne zu messen, ist zu testen, wie viele beliebige Ziffern unmittelbar nachdem sie gehört wurden, wiederholt werden können. Die meisten Dreijährigen haben eine Gedächtnisspanne von drei Ziffern, die sich bis zum Alter von 16 Jahren auf sieben oder acht Ziffern erhöht. Die meisten Kinder mit Down-Syndrom weisen diesen Fortschritt in der Gedächtnisleistung allerdings nicht auf und können sich auch im Teenageralter nur zwei oder drei Ziffern merken. Susie MacKenzie und Charles Hulme von der Universität York haben herausgefunden, dass einer der Gründe für die mangelnde Steigerung der Gedächtnisleistung der ist, dass Kinder mit Down-Syndrom oft nicht gelernt haben, Informationen durch Wiederholung zu behalten (MacKenzie & Hulme, 1992). Da die Forschung gezeigt hat, dass das Gehirn den »Sprechcode« oder das «stille Sprechen« verwendet, um Informationen im Kurzzeitgedächtnis zu speichern, kann man die beschränkte Sprachfertigkeit und Sprachentwicklung von Kindern mit Down-Syndrom im frühen Alter als einen der Gründe für die verzögerte Gedächtnisentwicklung nennen.

Neuste Forschungsergebnisse deuten darauf hin, dass die Kapazität des Audio-Kurzzeitgedächtnisses die Menge neuer Worte beeinflusst, die Kinder während der Vorschulzeit und in den ersten Schuljahren erlernen (s. Gathercole & Baddeley, 1993). Es ist sogar wahrscheinlich, dass diese Kapazität noch größere Auswirkungen auf das Erlernen von Grammatik und Syntax hat, denn Sätze müssen, solange sie vom Gehirn auf ihre Bedeutung hin untersucht werden, gespeichert werden. Frühere Untersuchungen des Sarah-Duffen-Zentrums bestätigen diese Annahme (Broadley & MacDonald, 1993).

Die Ergebnisse zeigen, dass es möglich ist, die Spanne sowohl des auditiven als auch des visuellen Kurzzeitgedächtnisses von Kindern mit Down-Syndrom mit Hilfe speziell entwickelter Übungen zu verbessern. Diese Verbesserung führt dann zu bedeutenden Erweiterungen des Begriffsvermögens der Kinder in Bezug auf Grammatik und Syntax.

Den Kindern werden vor Allem zwei Strategien gelehrt: Wiederholung und Kategorisierung. Beide sind auf unterschiedliche Art und Weise von der Sprechfertigkeit der Kinder abhängig. Die Wiederholung macht es nötig, dass ein Kind in der Lage ist, Dinge, die es sich merken soll, entweder laut oder leise zu sagen. Die Kategorisierung erfordert es, dass ein Kind in der Lage ist, verschiedene Objektklassen zu identifizieren und zu entscheiden zu welcher Klasse ein Objekt gehört, um es sich so besser merken zu können. Bei einem Versuchsaufbau gab es zum Beispiel drei »Dinge zum Anziehen« (Kleidung) und drei »Dinge zum Essen« (Nahrung). Hat das Kind die Worte für die Kategorien »Kleidung« und »Nahrung« aber noch nicht gelernt, ist es natürlich auch nicht in der Lage das Konzept zu verstehen und es als eine Erinnerungshilfe zu verwenden.

Sprache ist das Instrument, das die meisten Menschen benutzen, um zu denken, zu argumentieren und sich zu erinnern. Die Fähigkeit »im Stillen« zu denken und die Bedeutung von Worten zu nutzen, um Informationen in unser Langzeitgedächtnis zu speichern und sie dort auch wieder abrufen zu können, sehen wir als selbstverständlich an. Die meisten von uns können sich wirklich nur schwer vorstellen, was es hieße, ohne diese wichtige Sprachfähigkeit auskommen zu müssen. Ist ein Kind also nicht in der Lage, Sprache zu entwickeln, dann wird es ebenfalls nicht in der Lage sein, auf die beschriebene Weise zu denken, Folgerungen anzustellen oder sich zu erinnern.

Die Vorteile visueller Informationsverarbeitung

Eine Anzahl von Untersuchungen hat ergeben, dass Kinder mit Down-Syndrom visuell präsentierte Informationen besser als verbal vorgelegte lernen und verarbeiten können. Einer der Gründe dafür könnte wieder das eben erwähnte, schlechte Audio-Kurzzeitgedächtnis sein. Werden Informationen visuell präsentiert, benötigt ein Kind das Kurzzeitgedächtnis häufig gar nicht, da das Material so lange betrachtet werden kann, bis es verstanden und verarbeitet wurde. Es gibt auch Beweise dafür, dass das Speichern und erneute Abrufen visuell in das Langzeitgedächtnis eingeprägten Wissens effektiver erfolgt, als das auditiv erworbenen Wissens (s. Pueschel,1988).

Motorisch begleitete Antworten

Andere Untersuchungen sind zu dem Schluss gekommen, dass es Kindern mit Down-Syndrom leichter fällt, Aufgaben zu erledigen, die es ihnen erlauben, mit Gesten, durch Deuten oder Auswählen zu antworten, als Aufgaben, die verbale Antworten erfordern. Mit anderen Worten, ihre Fähigkeiten könnten unterschätzt werden, weil sie, obwohl sie die Frage verstanden und die Antwort gefunden haben, Schwierigkeiten haben, die Antworten verbal zu organisieren und auszudrücken.

Lesenlernen

Viele Kinder mit Down-Syndrom können bereits im Vorschulalter mit dem Lesenlernen beginnen. Wenn Kinder geschriebene Worte lesen können, eröffnet sich ein guter Weg, ihnen beim Spracherwerb zu helfen.

Das geschriebene Wort umgeht nämlich die Probleme, die bei der Aufnahme von gesprochenem Input auftreten, wie wir sie gerade besprochen haben. Statt dessen baut das Lesen auf ihre Stärken, Visuelles zu verarbeiten und sich daran zu erinnern, auf. Das Lesen kann somit genutzt werden, das Vokabular und das Verständnis für Grammatik und Syntax der Kinder zu erweitern. Außerdem hilft es, ihre produktiven Fähigkeiten zu verbessern, indem man sie zum Beispiel geschriebene Sätze lesen lässt. Dies ist eine gute Übung, längere Sätze auch sprechen zu lernen. Weitere Methoden, Kindern mit Down-Syndrom das Lesen zu lehren, werden später noch im Detail geschildert.

Die Nutzung des Computers

Der Computer ist ein wertvolles Lehrmittel für Kinder mit Down-Syndrom. Sie zeigen häufig überraschende Fertigkeiten, Begeisterung und Motivation bei Lernmethoden, die vom Computer unterstützt werden. Das ist darauf zurückzuführen, dass die Computerpräsentation den Stärken von Kindern mit Down-Syndrom entgegenkommt: Das Material wird visuell präsentiert und erfordert eher motorische und weniger verbale Reaktionen. Das Lehrmaterial kann so aufbereitet werden, dass es in kleinen, langsamen Schritten vorangeht und Übungsmöglichkeiten bietet, das Gelernte zu festigen.

Kinder können einfache Textverarbeitungsprogramme nutzen, um zu schreiben, bevor sie selbst leserliche Buchstaben zu Papier bringen können. Sie können paarweise oder in Gruppen mit dem Computer arbeiten und so Zusammenarbeit beim Lösen von Problemen lernen. Einige Lehrer haben uns berichtet, dass sie Kindern Computerzeit als Belohnung für erfolgreich vollendete Schularbeiten zuteilen, da sie sehr viel Spaß bei der Arbeit am Computer haben.

Spiel und Freunde

Spielerisches Lernen bleibt auch nach dem dritten Lebensjahr so wichtig wie zuvor. Eltern sollten sich auch weiterhin bewusst machen, was für eine wichtige Hilfestellung sie ihren Kindern beim Lernen geben können, wenn sie sich an ihren Spielen beteiligen, ihnen vorlesen oder mit ihnen reden. Genauso wichtig jedoch ist es, Kindern die Möglichkeit zu geben, mit anderen Kindern zu spielen. Die Wichtigkeit von gleichwertigen Beziehungen für die soziale und kognitive Entwicklung von Kindern im Allgemeinen ist ausreichend belegt (s. Serafica, 1990). Es mag sogar für Kinder mit Lernschwierigkeiten noch wichtiger sein, die Möglichkeit zu haben, mit anderen Kindern zu spielen. Ihre Freunde können Vorbilder für altersgemäßes Verhalten sein und sie in Spielaktivitäten und Konversationen in einer ganz natürlichen und spontanen Art und Weise einbeziehen, wie es kein Erwachsener tun könnte. Die meisten Kinder mit Down-Syndrom profitieren davon, in normalen Kindergärten ihrer näheren Umgebung untergebracht zu sein und in Sportvereinen, Tanzschulen oder Schwimmclubs mitzumachen. Sie profitieren nicht nur in ihrem Sozialverhalten davon, sondern finden auch Spaß an den genannten Freizeitaktivitäten und verbessern ihre motorische Koordination, Selbstkontrolle und ihr Selbstbewusstsein.

Familie

Der Einfluss, der in den ersten Jahren eines jeden Kindes am stärksten ist, geht von seiner Familie aus. Sie ist vermutlich sein größtes Kapital. Die Aufgabe, ein Kind mit einer Behinderung großzuziehen, fordert aber von den Eltern noch einiges mehr, als die ein gesundes Kindes aufzuziehen. Nach unserer Erfahrung, schöpfen Eltern eine Menge Kraft aus persönlichen Ressourcen und geben ihrem Kind die nötige Liebe und Hilfe, die es braucht. Trotzdem führen sie ein normales, gut an die Bedürfnisse aller Familienmitglieder angepasstes Leben. Dennoch können Familien vor Allem in den ersten Jahren von der Hilfe sensibler und gut ausgebildeter Spezialisten profitieren.

Sind die Kinder erst einmal in Kindergarten oder Schule, ist es sehr wichtig, dass die Behörden sich bemühen, weiterhin eng mit den Eltern zusammenzuarbeiten. Dazu gehört, dass Sorgen und Ängste der Eltern berücksichtigt werden und die Hilfe, die Familien ihren Kindern zu Hause geben können, anerkannt wird.

Überblick über die ersten fünf Jahre

Wir hoffen, dass wir dem Leser einen ersten, verständlichen Überblick über die Gründe der Entwicklungsverzögerungen bei Kindern mit Down-Syndrom in ihren ersten fünf Lebensjahren gegeben haben und die wichtigsten Faktoren, die bei der Planung und Erstellung pädagogischer Programme berücksichtigt werden sollten, herausgearbeitet haben.

Obwohl die individuellen Unterschiede groß sind, können fast alle Kinder mit Down-Syndrom im Alter von fünf Jahren laufen, rennen und Treppen steigen, wohingegen die Feinmotorik eventuell noch etwas hinter der Grobmotorik zurückbleibt. Die meisten Kinder gehen zumindest tagsüber zuverlässig auf die Toilette, auch wenn schon mal ein »Unfall« passieren kann. Sie werden auch in der Lage sein, selbständig zu essen, wobei sie beim Schneiden der Nahrung noch

Hilfe benötigen und sich vielleicht ein bisschen ungeschickt anstellen. Gewöhnlich sind sie in der Lage sich alleine an- und auszuziehen. Nur bei schwierigen Aufgaben, wie beim Schließen der Kleidung, könnte es noch Probleme geben. Viele Kinder mit Down-Syndrom sind glücklich, gesellig und freundlich und legen nicht mehr Verhaltensauffälligkeiten an den Tag als andere Kinder ihres Alters, aber sie sind meist weniger selbstständig und benötigen für gewöhnlich mehr Beaufsichtigung.

Der Fortschritt in der kognitiven Entwicklung und der Sprachbeherrschung ist weit schwieriger zusammenzufassen, da die Spannweite dessen, was von Kindern mit Down-Syndrom erreicht wird, hier noch viel größer ist. Einige Kinder sprechen im Alter von fünf Jahren schon in klaren, kurzen Sätzen.

Die meisten jedoch bringen nur ein bis zwei zusammenhängende Worte hervor und machen sich durch Worte und Gesten zu Hause und in der Schule verständlich. Die meisten Kinder mit Down-Syndrom werden im Alter von fünf Jahren also über ein kleineres Vokabular verfügen und mehr Probleme bei der Beherrschung von Grammatik und Syntax haben als andere Fünfjährige. Viele von ihnen sind wahrscheinlich in der Lage, komplexere Sätze zu verstehen, können sie aber nicht selbst bilden.

Einige Kinder beginnen in diesem Alter aber schon, Lesen und Schreiben zu lernen und beachtliche Fertigkeiten im Umgang mit dem Computer zu entwickeln. Ihr Allgemeinwissen wird aufgrund der allgemeinen Sprachverzögerung weniger groß sein und auch die Spanne ihres Kurzzeitgedächtnisses wird die anderer Kinder nicht erreichen. Haben sie Informationen jedoch erst einmal gespeichert, ist ihr Langzeitgedächtnis genauso gut ausgeprägt wie das der übrigen Kinder im Alter von fünf Jahren.

Ungefähr 10% der Kinder mit Down-Syndrom zeigen gravierendere Entwicklungsverzögerungen als die Mehrheit. Einige wenige Kinder sprechen im Alter von fünf Jahren noch nicht, obwohl sie in der Lage sind, sich durch Gesten verständlich zu machen. Meist sind es diejenigen, die schwerere Hörschäden haben. Genauso gibt es einige Kinder, die im schulfähigen Alter immer noch inkontinent sind und Hilfe beim Essen, Anziehen und allen weiteren täglichen Aktivitäten benötigen. Die am stärksten zurückgebliebenen Kinder sind die mit den erheblichsten gesundheitlichen Beeinträchtigungen.

Zu ihnen zählen jene Kinder, die zusätzlich zum Down-Syndrom schwer geistig behindert sind.

Zusammenfassung

Es ist bekannt, dass die frühe Entwicklung von Kindern mit Down-Syndrom von einer Reihe spezieller Faktoren modifiziert wird, die ihre ersten Erfahrungen behindern, das Verhalten der sie umgebenden Personen beeinflussen und ihre Möglichkeiten, zu lernen und Fortschritte zu machen, verringern. Viele dieser Faktoren können ausfindig gemacht und ihr negativer Einfluss auf die Entwicklung der Kinder reduziert werden.

Die Hauptunterschiede zwischen einem Fünfjährigen mit Down-Syndrom und einem normalen Fünfjährigen, die ein Lehrer in Betracht ziehen muss, sind:

1. Sprachverzögerungen, die aus einem eingeschränkten Wortschatz und einem geringeren Allgemeinwissen als bei anderen Kinder resultieren. Ein Kind mit Down-Syndrom ist im Allgemeinen weniger mit den grammatikalischen und syntaktischen Regeln der Sprache vertraut.

2. Schwierigkeiten bei der Sprachproduktion. Das Kind ist nicht in der Lage, das was es versteht, zu artikulieren, sodass seine kognitiven Fähigkeiten häufig unterschätzt werden.

3. Die Schwierigkeiten beim Lernen der Sprache verzögern auch die meisten anderen Aspekte der kognitiven Entwicklung, da das Kind Sprache nicht im gleichen Ausmaß wie die meisten Fünfjährigen zum Denken, Abwägen und Erinnern nutzen kann.

4. Eine schlechteres Audio-Kurzzeitgedächtnis. Daraus resultiert, dass Kinder mit Down-Syn-

drom Schwierigkeiten haben, gesprochenen Aufgabenstellungen nachzukommen, besonders dann, wenn sie aus mehreren aufeinander folgenden Instruktionen bestehen. Sie kommen jedoch gut damit zurecht, wenn sie andere Kinder nachahmen können oder wenn man ihnen mit Geschriebenem oder Bildern Hilfestellungen gibt.

5. Kinder mit Down-Syndrom verarbeiten Informationen auf visuellem Weg besser. Der Unterricht sollte deshalb auf einer visuellen Präsentation aufbauen.

6. Es ist wichtig Kindern mit Down-Syndrom, die nicht in der Lage sind, ihre Antworten sprachlich zu vermitteln, jede Möglichkeit zu geben, ihr Wissen und Verständnis durch motorisches Reagieren, wie Deuten oder Auswählen, zu zeigen.

Teil 2

Der Lehrplan

Das folgende Kapitel bezieht sich natürlich in weiten Teilen auf das Bildungssystem in Großbritannien. Anders als bei uns gibt es einen landesweit verbindlichen Lehrplan, was die Durch- und Einführung von neuen Methoden erleichtern kann –

anders als in Deutschland, wo die Kulturhoheit bei den Bundesländern liegt und es daher teils erhebliche Unterschiede im Bildungsbereich zwischen den Ländern gibt. Bei der Übertragung haben wir uns bemüht, diesen Umständen Rechnung zu tragen: Eines Teils wurden die Verhältnisse in Großbritannien als Beispiel stehengelassen, auch wenn sie nicht die Verhältnisse hier zu Lande wiederspiegeln, wir haben aber auch darauf verzichtet, ganz speziell britische Umstände anzugeben, die für den Leser im Interesse des Aufbaus integrativer Einrichtungen von geringem bis gar keinem Interesse waren. Auf der anderen Seite war es unser Anliegen, gerade bei Materialien, auf deutschsprachige Bezugsadressen und -möglichkeiten hinzuweisen, weil englisches Material, selbst wenn ein Bezug möglich, naturgemäß nicht anwendbar ist.
(Anm. d. Übers.)

Kapitel drei und vier behandeln Änderungen des Lehrplanes und der Lehrmethoden, die Schulen dabei helfen sollen, den schulischen Bedürfnissen von Kinder mit Down-Syndrom entgegenzukommen. In einem Abschnitt beschäftigen wir uns mit Deutsch und in einem zweiten mit Mathematik, wobei wir zwischen den unterschiedlichen Zielen, die es zu erreichen gilt, unterscheiden. Es werden allgemeine Grundsätze beschrieben, um Lehrern die Möglichkeit zu geben, sie auch auf andere Gebiete des Lehrplans anwenden zu können.

Später verweisen wir auf Lehrmethoden und Lernmaterial, das schon von vielen Lehrern mit Erfolg eingesetzt wurde. Und wir beschreiben, wie man das Lesen für den Spracherwerb, das Sprechen an sich, das Schreiben und Buchstabieren nutzen kann.

Über die Entwicklung der mathematischen Fähigkeiten von Kindern mit Down-Syndrom ist sehr wenig bekannt. Aus diesem Grund sind in Kapitel vier Testergebnisse von Kindern mit Down-Syndrom enthalten, die es Lehrern ermöglichen sollen, die Ergebnisse seiner Schüler zu bewerten. Einige der Tests liefern spezielle Leitlinien, an die sich Lehrer halten können, um den Fortschritt der Kinder zu kontrollieren und Ziele aufzustellen.

Die Vorschläge, die in Kapitel drei und vier gemacht werden, sind für den Unterricht von Kindern mit Down-Syndrom in Regel- wie in Sonderschulen geeignet, wobei beachtet werden muss, dass es immer von der Schule, welche die Kinder besuchen, von ihrer Geschicklichkeit, ihren Fähigkeiten und ihrem Alter abhängt, in wie weit die Vorschläge umgesetzt werden können. Wir hoffen, dass Lehrer die allgemeingültigen Prinzipien herausfiltern können und bei der Planung und dem Unterrichten der Kinder mit Down-Syndrom einsetzen werden.

Wir wünschen uns, dass der Leser die verschiedenen Erwartungshorizonte, schulisch wie sozial, einzuschätzen weiß, abhängig davon, ob die Kinder mit oder ohne die Hilfe eines Lehrers oder Sonderpädagogen arbeiten, ob sie selbstständig oder in Gruppenarbeit lernen. Um den erzieherischen Bedürfnissen von Kindern mit Down-Syndrom im Allgemeinen gerecht zu werden, sollten viele Methoden im Lehrplan ausgewogen Verwendung finden, wobei sich das Verhältnis ändern kann, wenn die Kinder älter werden, neue Fertigkeiten entwickeln und reifer werden.

SPRACHE

Sprechen und Zuhören

Kinder mit Down-Syndrom haben ganz verschiedenartige Lernschwierigkeiten, die das Sprechen in ganzen Sätzen, wenn sie kombiniert auftreten, sehr problematisch machen. Auch wenn die Probleme beim Sprechen größer sind als die beim Verstehen, weisen die Kinder Verzögerungen bei der Entwicklung ihres Begriffsvermögens auf, was durch Schwerhörigkeit noch verstärkt werden kann. Die Probleme und Schwierigkeiten, die Kinder mit Down-Syndrom beim Spracherwerb haben, sind in Teil 1 dieses Buches beschrieben.

Schwerhörigkeit

Die bei Kindern mit Down-Syndrom am häufigsten auftretende Art der Schwerhörigkeit ist die Leitungsschwerhörigkeit, die nicht permanent ist und gewöhnlich durch die Blockierung des Mittelohrs (Otitis media) durch Ohrenschmalz oder Infektionen hervorgerufen wird. Für den Klassenlehrer bedeutet dies, dass die Kinder an einigen Tagen auf gesprochene Instruktionen reagieren und an anderen Tagen nicht. Es ist äußerst schwierig vorherzusagen, wann die Kinder unter Hörstörungen leiden. Die Leitungsschwerhörigkeit kann in Verbindung mit Infektionen, Erkältungen, Katarrhen und Krankheiten im Allgemeinen zusammenhängen, aber sie kann auch ohne diese Symptome auftreten.

Die Kinder sind dann vielleicht nicht mehr in der Lage, Unterschiede zwischen einigen Konsonanten wahrzunehmen, verstehen aber dennoch das ganze Wort. Sie können somit die Bedeutung bekannter oder unverwechselbarer Worte im Satzzusammenhang ziemlich genau erraten. Ähnlich klingende Worte, die dagegen in keinem Textzusammenhang stehen, werden oft verwechselt. Wenn Kinder mit Hilfe des Kontextes Worte erraten, verstehen sie vielleicht einzelne Instruktionen oder kurze Sätze, geraten aber bei längeren Anweisungen in Verständnisschwierigkeiten, die für gewöhnlich nicht aufteten.

Ein Hörverlust, der auf Otitis media zurückzuführen ist, kann zwischen 15 und 50 Dezibel betragen und Lehrer sollten daher eher individuelle Informationen über die Schwerhörigkeit ihres Schülers einholen, als sich auf eine vage Beschreibung von Hörproblemen zu verlassen. Sie sollten in Erfahrung bringen, welche Laute die Kinder in welchen Situationen nicht hören können und sich Ratschläge von Experten einholen, wie man eine möglichst optimale akustische Umgebung gestaltet. Ein Fachmann für Kinder mit Hörproblemen sollte Schulen, die von solchen Schülern besucht werden, beratend zur Seite stehen. Erfolgt an den Schulen selbst keine Beratung, können die Lehrer den Eltern eine Liste mit Fragen für den Ohrenarzt mitgeben, die sie ihm beim nächsten Hörtest vorlegen sollten.

Um schwerhörigen Kindern zu helfen, vermeiden sie es, in einer Umgebung mit unterschiedlich lauten Hintergrundgeräuschen zu unterrichten und bemühen sie sich, nicht ausschließlich in einem Raum zu unterrichten, in dem Echos die Wahrnehmung erschweren.

Fordern sie die Kinder dazu auf, auf ihr Gesicht, besonders aber auf ihren Mund zu achten, wenn sie mit ihnen sprechen, besonders dann, wenn sie vor einer großen Gruppe noch dazu in einem großen Raum unterrichten und mündliche Anweisungen geben müssen. Haben die Kinder einen grippalen Infekt, erscheinen sie verträumt oder lethargisch und reagieren nicht in gewohnter Weise, helfen sie ihnen zu verstehen, indem sie das Gesprochene durch Bilder, besonders betonte Worte und Gesten hervorheben oder sprechen sie einfach sehr langsam und deutlich, bevor sie die scheinbare Gleichgültigkeit auf andere Gründe zurückführen.

Sogar ein Hörverlust von nur 15 Dezibel zeigt auf den Fortschritt von Kindern in der Schule Auswirkungen (Quigley, 1978). Wir sind der Meinung, dass die vielen Folgen, die sich aus der Schwerhörigkeit ergeben, für die unterschiedlichen Fähigkeiten von Kinder mit Down-Syndrom mitverantwortlich sind. Die Qualität der Behandlung von Schwerhörigkeit unterscheidet sich landesweit ganz erheblich und in vielen Teilen des Landes ist sie noch weit von einem angemessenen Standard entfernt. Das Buch *Deafness, Development and Literacy* von Alec Webster beinhaltet eine Zusammenfassung der Hauptgründe für Schwerhörigkeit, ihre Identifizierung, Diagnose und Behandlung und diskutiert Strategien, Kindern Lesen, Buchstabieren und Schreiben zu lehren. Webster betont die Wichtigkeit des Lesens um schwerhörigen Kindern beim Spracherwerb zu helfen (Webster, 1986).

Die Wahrnehmung der Sprache

Kinder mit Down-Syndrom können Aufnahmeschwierigkeiten haben, die das Erkennen von Worten beeinflussen, was in gewissem Maße auch bei Down-Syndrom-Kindern, die keine Hörprobleme haben, festzustellen ist. Zu den Problemen beim Sprachverständnis kommt noch hinzu, dass ihr Audio-Kurzzeitgedächtnis gewöhnlich nur eine begrenzte Aufnahmekapazität hat, was zum Beispiel Worte und ihre Bedeutung, Instruktionen und Zahlen angeht. Diese Defizite beim Verarbeiten von Informationen und deren Einfluss auf die Entwicklung des Sprechens wurden im ersten Teil bereits behandelt.

Als Konsequenz des begrenzten Audio-Kurzzeitgedächtnis, sollten neue Informationen nur soweit verbal vermittelt werden, wie es die Auffassungsgabe der Kinder erlaubt. Ein Zahlenmerktest kann dem Lehrer eine ungefähre Vorstellung vermitteln: Zum Beispiel wird es ein Kind mit einer Merkfähigkeit von nur zwei Ziffern als äußerst schwierig empfinden, sich mehr als zwei Informationen, die es nacheinander gehört hat, zu merken und darauf zu antworten. Gibt man ihm aber Zeit, das Gehörte zu verarbeiten und hilft man ihm sogar, es sich zu merken, dann wird es auch in der Lage sein, mehr als zwei Informationseinheiten zu verarbeiten.

Manchmal wird die Gleichgültigkeit bzw. das »Nichtreagieren« von Kindern mit Down-Syndrom als Ungehorsam dem Lehrer gegenüber gedeutet, während das eigentliche Problem aber darin liegt, dass sie nicht in der Lage sind, sich an das zu erinnern, was sie gefragt worden sind. Die Kinder können auf anderen Gebieten gut entwickelte Fertigkeiten besitzen, zum Beispiel beim Lesen, und trotzdem noch Schwierigkeiten haben, sich Informationen kurzfristig zu merken, die ihnen verbal gegeben wurden.

Motorische und visuelle Verarbeitung von Informationen

Kindern mit Down-Syndrom kann durch die Einbeziehung zusätzlicher Möglichkeiten der motorischen und visuellen Verarbeitung von Informationen geholfen werden. Sprache, die durch symbolische Bewegungen, wie Zeichen, Gestik oder das Fingeralphabet und visuelle Methoden, wie Bilder, Symbole, Worte und Formeln (multisensorische Methoden), unterstützt wird, hilft den Kindern, sich Informationen zu merken. Zusätzlich zu unseren eigenen Beobachtungen, dass Kinder mit Down-Syndrom sich mit Hilfe ihrer Hände und Zeichensprache verständigen, bevor sie sprechen können, belegen heutige Untersuchungen, dass Zeichensprache (oder Frühes Lesenlernen) auch anderen Kindern mit Leseschwierigkeiten hilft. Sie erleichtert es den Kindern, sich an Worte und ihre Schreibweise zu erinnern und ihre Lese- und Schreibfertigkeiten zu verbessern (Ripley & Daines, 1993). Visuelle und multisensorische Methoden werden schon seit Jahren in speziellen Sprachschulen benutzt, um Kinder mit Sprachproblemen zu unterrichten, aber es hat lange gedauert, bis diese Methoden auch in regulären Schulen und in Sonderschulen für Kinder mit Lernschwierigkeiten übernommen wurden.

Ella Hutt beschreibt in ihrem Buch *Teaching Language Disordered*

Children strukturierte Lernmethoden, die dabei helfen, wie man unter Zuhilfenahme von Zeichen und Leseübungen Kindern das Sprechen lehren kann. Multisensorische Methoden sind nachweislich auch bei nicht behinderten Kindern, die beim Lesen Schwierigkeiten haben, hilfreich (Hutt, 1981).

Beurteilung

Jedes Kind sollte, wenn möglich, von einem Sprachtherapeuten oder Logopäden beurteilt werden, bevor es Hilfe beim Spracherwerb erhält. Die Beurteilungsergebnisse können dann nämlich mit dem Lehrer besprochen und ein Förderprogramm kann entwickelt werden. Der Logopäde ist in der Lage viele verschiedene Aspekte der Sprache zu beurteilen, das Begriffsverständnis, das Ausdrucksvermögen in Worten und ganzen Sätzen, die Lautproduktion und den Gebrauch von Sprache zur Verständigung. Er kann eine Vielzahl von Tests heranziehen, die einzig und allein Sprachtherapeuten und Logopäden zur Verfügung stehen werden können und sie optimal interpretieren.

In Großbritannien wird von Therapeuten am häufigsten das *Derbyshire Sprachprogramm* verwendet, um Kinder mit Sprachverzögerungen zu beurteilen. Es bietet einen sorgfältig aufgebauten Lehrplan zur Verbesserung der Sprache. Es trainiert das Sprachverständnis von Kindern und entlockt ihnen durch verschiedene Aktivitäten differenzierte Wortäußerungen. Die Fachterminologie dieses Programms wurde für alle, die auf dem Gebiet der Spracherziehung arbeiten oder und die in der Durchführung der notwendigen Test- und Lehrmethoden geschult werden können, verbindlich.

Der erste Teil des Programms zur Entwicklung eines Textverständnisses konzentriert sich auf die Anzahl Informationen tragender Worte, die ein Kind versteht, während der zweite Teil sich mit der Entwicklung der Grammatik und komplexen Sätzen beschäftigt. Um das Ausdrucksvermögen zu verbessern, arbeitet das Programm ebenfalls an der Steigerung der Dauer von Wortäußerungen, an der Satzstruktur und am richtigen Gebrauch der Grammatik.

Die *Informationen tragenden Worte* sind diejenigen, die ein Kind benötigt, um einen Satz verstehen zu können. So spiegelt der Satz »Der Mann wäscht das Auto« ein Verständnislevel von drei Worten wider, wenn das Kind die Auswahl zwischen vier Bildern hat. Auf einem Bild ist zunächst ein Mann, der ein Auto fährt, ein zweites zeigt einen Mann, der ein Auto wäscht, ein drittes eine Frau, die ein Auto wäscht und ein viertes einen Mann, der ein Fahrrad wäscht. Muss das Kind jedoch nur zwischen zwei Bildern wählen, dann muss es auch nur den Unterschied zwischen zwei Tätigkeiten kennen. Es genügt also, wenn sich das Kind auf einem Verständnislevel von einem Wort befindet, um korrekt auswählen zu können.

Die Lernstufen beginnen langsam beim Ein-Wort-Level und steigern sich bis hin zu schwierigem Vokabular. Später sind die Schüler dann in der Lage, zwei Worte aufgrund ihrer Bedeutung auf einem Zwei-Wort-Level zu verbinden und dann zum Drei- und Vier-Wort-Level weiterzugehen.

Bilder, Spielzeuge und andere Gegenstände können zur Verbesserung des allgemeinen Verständnisses herangezogen werden. Vielen Kindern mit Down-Syndrom fällt es leichter, mit Bildern als mit Gegenständen zu lernen, wahrscheinlich weil die Ablenkung durch Gegenstände zu groß ist und weil mit Bildern in kürzerer Zeit mehr Lernstoff eingeübt werden kann.

Zwischen dem Drei- und Vier-Wort-Verständnislevel werden schwierigere Strukturen vorgestellt und die Kinder beginnen, zum zweiten Teil des Programms, den Schritten 5-10, überzugehen. Diese Zahlen beziehen sich nun nicht mehr auf die Anzahl der Informationen tragenden Worte, die ein Kind versteht, sondern bezeichnen lediglich die Schritte des Programms. Die Kinder lernen, die Begriffe *Mann/Frau, Junge/Mädchen*, die Präpositionen *in/auf, dahinter/davor, nahe/nächste*, Verneinungen, Fragen, Vergangenheits-, Gegenwarts- und Zukunftsformen von Verben, die Pronomen, *er, sie, es, sein* und *ihr*, sowie komplexe Sätze, zu verstehen und zu gebrauchen.

Das Programm beinhaltet Rollenspiele und andere Aktivitäten, um den Kindern Wortäußerungen zu entlocken und sie zum Lernen zu bewegen, wobei sie vor allem an Textverständnis und Ausdruck dazulernen, wenn während des Spiels schon die nächste Lernphase vorbereitet wird. Wie wir schon wissen, haben Kinder mit Down-Syndrom gewöhnlich Probleme damit, sich komplexe Anweisungen zu merken, was ein Grund dafür ist, dass ihre Sprachentwicklung im Durchschnitt von der anderer Kinder abweicht. Das bedeutet aber keinesfalls, dass sie irgendwann aufhören zu lernen oder sich weiterzuentwickeln. Sie sind mit speziell abgestimmten Lehrmethoden in der Lage, neue Begriffe und grammatikalische Aspekte zu lernen, ihr Allgemeinwissen zu steigern, ihre wissenschaftlichen Fähigkeiten auszubauen oder wenigstens soweit Fortschritte zu machen, dass sie sich an neue und schwierigere Lese- und Lernmaterialien heranwagen können.

Einige Kinder kommen durch die Lernstufen des *Derbyshire Sprachprogramms* äußerst schnell voran, andere etwas langsamer. Ab und zu gibt es Kinder, die die Stufen des Programms schon mit fünf Jahren erfolgreich absolvieren können. In der Regel befinden sie sich aber in diesem Alter auf dem Drei-Wort-Level. Manche Kinder befinden sich in diesem Alter aber auch erst auf dem Ein- bis Zwei-Wort-Verständnislevel und leiden unter stärkeren Sprachstörungen. Viele dieser Kinder sind stark schwerhörig und nie zufriedenstellend behandelt worden. Die Methoden, die in diesem Buch beschrieben werden, sind für sie ganz besonders wichtig. Ihre Fähigkeiten sich auszudrücken, variieren stärker und die Mehrzahl dieser Kinder hat auf dem Gebiet des Sprachverständnisses größte Probleme, verglichen mit Kindern ohne Down-Syndrom. Sie benötigen deshalb am meisten Hilfe beim Spracherwerb.

Wie Lesen hilft

Das Lesenlernen ist für alle Kinder mit Down-Syndrom ganz besonders wichtig, da es in enger Verbindung zur gesprochenen Sprache steht und diese visuell repräsentiert. Kinder die durch normale Interaktion, Unterricht und Therapie noch keine ausreichenden Sprachfertigkeiten entwickelt haben, werden auch bei der weiteren Sprachentwicklung voraussichtlich große Probleme haben. Um das Lesen möglichst effektiv im Sprachunterricht einsetzen zu können, ist es besser, sich eigene Materialien zu erstellen, die speziell auf die Interessen und Bedürfnisse der Kinder zugeschnitten sind, als sich an vorgefertigte Veröffentlichungen zu halten.

Hintergrundinformationen

Die Beweise dafür, dass das Lesen ein hilfreiches Mittel beim Spracherwerb ist, haben sich über viele Jahre hinweg vermehrt (Buckley & Bird, 1993). Die Methoden, die wir in diesem Buch beschreiben, werden bereits von vielen Stellen genutzt, um Kinder mit Sprachstörungen und Hörverlust zu unterrichten.

Die Idee das Lesenlernen zur Sprachentwicklung für Kinder mit Down-Syndrom zu Hilfe zu nehmen, war 1970, als Leslie Duffen seiner Tochter das Lesen lehrte, noch völlig neu. Als Sue Buckley und Liz Wood zeigten, dass viele Kinder mit Down-Syndrom schon in einem Alter von weniger als fünf Jahren mit dem Lesen beginnen können, begegnete man ihren Ergebnissen mit Ablehnung und Ungläubigkeit (Buckley & Wood, 1983; Buckley, 1985). Auch heute noch gibt es einige Fachleute, die nur widerwillig anerkennen, dass Kinder mit Down-Syndrom tatsächlich frühzeitig lesen können. Zum Glück sind die meisten aber erfreut darüber, dass die Kinder so gut vorankommen und wissen die großartigen Vermittlungseffekte zwischen Sprache, Gedanke und kognitiver Entwicklung, die das Lesen eröffnet, zu schätzen. Dazu kommen noch die positiven Auswirkungen des Lesens auf das Selbstbewusstsein eines Kindes, seine Unabhängigkeit und seine Lebensqualität hat.

Warum hilft das Lesen?

Es gibt mehrere Gründe für die günstigen Auswirkungen des Lesenlernens auf die Sprachentwicklung eines Kindes mit Down-Syndrom. Durch die Visualisierung der Sprache werden die Schwierigkeiten der Kinder beim Lernen durch Zuhören ausgeschaltet. Gedrucktes kann so lange betrachtet werden, wie es nötig ist, um die transportierte Information zu verarbeiten. Außerdem macht Gedrucktes die Sprache fass- und sichtbar. Worte können einzeln betrachtet und »bewegt« werden, um syntaktische Regeln darzustellen und morphologische Veränderungen von Worten, wie Pluralbildung und Zeitenwechsel, nachvollziehen zu können. Letztlich befähigt das Lesen Kinder dazu, Sätze einzuüben, die sie allein noch nicht bilden können, wodurch ihre Fähigkeiten zu Artikulation und Sprachproduktion verbessert werden.

Welche Kinder können Lesen lernen?

Es gibt keine Möglichkeit, das »Lesepotenzial« bzw. »die Bereitschaft« eines Kindes Lesen zu lernen vorauszusagen. Unsere Erfahrung hat gezeigt, dass beide Begriffe weitgehend bedeutungslos sind. Viele Kinder, die wir kennen, die große Fortschritte mit dem Lesen gemacht haben, hätten am Anfang in allen gängigen »Bereitschaftstests« versagt. Der einzig sichere Weg herauszufinden, ob Kinder mit Lernschwächen in der Lage sind, Lesen zu lernen, ist zu versuchen, ihnen auf die Weise das Lesen beizubringen, wie wir es in diesem Kapitel beschreiben und die einzige Möglichkeit, ihre Fortschritte zu beurteilen, ist, sie kontinuierlich weiter zu unterrichten.

Forschungsarbeit am Sarah-Duffen-Zentrum

Neben der aufmerksamen Beobachtung der Entwicklung der Lesefertigkeiten von Kindern in diesem Land und den Fallstudien und Frühförderungsprojekten, über die weltweit berichtet wird, haben wir eigene Forschungen durchgeführt, um die Auswirkungen des Lesenlernens in einer kontrollierten Umgebung zu erforschen. Die Ergebnisse von zwei separaten Untersuchungen, eine mit Kindern im Grundschulalter (Bird, befindet sich gerade im Druck) und eine mit Kindern im Teenageralter, haben beide die Vorteile des Lesenlernens bestätigt. Alle Kinder, die in diesen zwei Untersuchungen beobachtet wurden, besuchten Sonderschulen für Kinder mit schwersten Lernschwierigkeiten. In beiden Altersgruppen profitierten die Kinder am meisten vom Lesenlernen, die zu Beginn der Untersuchung die geringsten Sprachfertigkeiten aufwiesen. Dies ergibt durchaus einen Sinn, denn es sind Kinder mit Sprachlernstörungen, die nicht durch normale Interaktion lernen, Sprache zu verstehen, sondern die mit zusätzlichen visuellen Methoden unterrichtet werden müssen. Die Ergebnisse beider Studien deuteten an, dass die speziellen Probleme der Kinder, sich Worte und Sätze, die sie gehört haben, zu merken und zu wiederholen, wiederum mit einem schwach ausgeprägten Audio-Kurzzeitgedächtnis zusammenhängen. Dies ist ein wichtiges Forschungsgebiet, welches die Portsmouth-Down-Syndrom-Stiftung seit 1990 im Sarah-Duffen-Zentrum finanziell unterstützt.

In der Studie, die Gillian Bird durchgeführt hat, übten die Kinder, zwei verschiedene Arten von Bildern zu beschreiben: Einerseits Bilder mit Text und andererseits Bilder ohne Text. Die Texte beschrieben die semantische Beziehung zwischen einer Person und ihrer Tätigkeit oder zu einem Gegenstand, zum Beispiel: »Der Junge/das Mädchen isst einen Keks«, »Die Frau/der Mann schneidet einen Apfel«. Die

Kinder verstanden Gesprochenes zwischen dem Ein- und Drei-Wort-Level und ihre eigenen Äußerungen variierten zwischen gar keiner Äußerung und zwei zusammenhängenden Worten. Nach jeder Unterrichtsstunde, in der die Kinder gleich viel Zeit mit Übungen mit beiden Arten von Materialien verbrachten, wurden sie getestet, indem man sie eine spontane Beschreibung dessen, was sie im Unterricht gesehen hatten, abliefern ließ. Die Kinder konnnten den Inhalt der Bilder, die mit Text versehen waren, weitaus besser sprachlich wiedergeben als den der Bilder ohne Text. Die individuellen Leistungsunterschiede der Kinder zeigten, dass die Kinder mit den schwersten Verzögerungen in Relation zu ihrer Auffassungsgabe am meisten vom Lesen profitierten.

Sue Buckley hat ähnliche Untersuchungen in größerem Umfang mit Teenagern durchgeführt. Die Schüler lernten komplexe Sätze mit Hilfe von Bildern, wiederum mit und ohne Text. Ein paar der Teenager konnten lesen, die meisten jedoch konnten es zu Beginn der Studie noch nicht. Buckley fand es erheblich vorteilhafter mit Text und Bildern zu arbeiten als nur mit Bildern und zwar sowohl für das Begriffsverständnis als auch für das Ausdrucksvermögen. Viele der Teenager waren nicht in der Lage, die Aufgaben ohne Hilfe des Textes unter den Bildern zu erfüllen und waren nur solange mit Spaß bei der Sache, solange ihnen der Text zu den Bildern vorlag. Ihre spontanen Beschreibungen von Bildern mit Text waren den Beschreibungen von Bildern ohne zusätzlichen Text in Satzlänge, -struktur und Aussprache weit überlegen.

Die Entwicklung von Begriffsvermögen und Sprechen

Das Lesen kann sehr hilfreich sein die Aufnahmefähigkeit und das Verständnis von Kindern zu entwickeln, vorausgesetzt das Lehrmaterial wurde sorgfältig ausgewählt. Manchmal können Kinder sogar über ihr eigentliches Verständnislevel hinaus lesen. Es ist besonders wichtig, dass Lehrer immer wieder Fragen stellen, um sicher zu gehen, dass das Gelernte auch wirklich begriffen wurde, bevor zu sprachlich anspruchsvolleren Materialien übergegangen wird. Deshalb ist es unverzichtbar, dass der Inhalt des Lehrplanes von einem Sprachtherapeuten oder Lehrer empfohlen wird, der die Entwicklung der rezeptiven grammatikalischen Fertigkeiten beobachtet hat, damit die Kinder Schritt für Schritt ein Sprachverständnis entwickeln können.

Leseprogramme

Im deutschen Sprachraum gibt es bislang sehr wenige Programme, die Spracherwerb in Zusammenhang mit dem Lesen setzen. Zu nennen wäre *Kinder mit Down-Syndrom lernen lesen* (ebenfalls im G&S Verlag erschienen), in dem, neben einem ausführlichen und verständlichen Theorie-Teil, wie ein solches individuelles Programm für ein Kind entwickelt werden kann, auch eine Vielzahl von Spielideen und Materialien angeboten werden. Das *Macquarie Programm,* das ebenfalls sehr ausführlich die methodik beschreibt, sich aber nicht nur mit dem Lesenlernen beschäftigt. Zur Theorie ist das Buch *Sprachförderung bei Kindern mit Down-Syndrom* von Etta Wilken zu nennen. Informationen zum Bezug der genannten Titeln sind im Anhang zu finden.

Das Entwickeln eigener Materialien

Wenn sie sich die Mühe machen, sich eigene Materialien zur Verbesserung des Textverständnisses auszudenken, sollten sowohl die Materialien an sich als auch der dazugehörige Text etwas schwieriger als das momentane Verständnisniveau der Kinder sein. (Im Gegensatz dazu sollten die Sätze innerhalb der Verständnisspanne der Kinder liegen, wenn man das Lesen als Hilfe zum Sprechen heranzieht.) Um den Kindern einen Text nahe zu bringen, können jederzeit Bilder, Gegenständen oder Handlungen neben dem Text in den Unterricht mit einbezogen werden. Optimal ist es jedoch, wenn die richtigen Texte mit den passenden Bildern kombiniert werden. Lehrer werden wahrscheinlich eine Fülle von Ideen bei der Erstellung eigener Materialien haben, was sicherlich der beste Weg ist, um die Aufmerksamkeit der Kinder zu wecken. Diese Materialien können für sie bedeutungsvolle, lokale oder persönliche Informationen einschließen, was die Arbeit für die Kinder interessanter macht und möglicherweise größere Erfolge zeitigt, als vorgefertigte Lernmaterialien, die sie von Lieferanten für Schulmaterialien erhalten können (siehe Anhang). Von Sprachtherapeuten und Logopäden könnten sie eventuell ebenfalls Material, vielleicht sogar Bildmaterial, bekommen, um dann selbst passende Sätze dazu zu schreiben, die die Kinder später lesen können.

Sprachunterricht

Ein einfacher Weg den Inhalt des Lehrmaterials, das zum Sprechen lernen verwendet wird, auszuwählen, ist es, Sätze zu verwenden, die auf die bereits bei den Kindern vorhandene Sprache aufbauen. Eltern, Lehrer und andere Bezugspersonen, die sich oft mit Kindern mit Down-Syndrom beschäftigen, verstehen vieles von dem, was die Kinder zum Ausdruck bringen wollen, auch dann, wenn sie nur einzelne Worte oder kurze Phrasen verwenden. Der Lehrer kann einige dieser Worte wählen, um sie in grammatikalisch richtige, kurze Sätze einzubauen und diese aufzuschreiben. Auf gleiche Weise können Eltern zu Hause verfahren. Die Kinder können dann üben, den Satz bzw. die Sätze zu lesen und zu wiederholen, was ihnen wiederum helfen wird, sich in ganzen Sätzen anstelle von Schlagworten auszudrücken, bis sie in der Lage sind, sich ganz allein längere Äußerungen zurechtzulegen.

Der Sinn des Lesens im Klassenraum ist es, dem Kind eine besondere Aufgabe zu geben, die das Lesen, Üben, sich Erinnern und Aussprechen eines Satzes erfordert, wie zum Beispiel das Erhalten und Beantworten einer Mitteilung wie: »Guten <u>Morgen</u> Frau <u>Müller</u>, könnte ich die <u>Namensliste</u> bekommen, um sie Herrn <u>Meier</u> zu geben.« (Die unterstrichenen Worte sind die, die Kinder mit Down-Syndrom typischer Weise spontan für eine gesprochene Mitteilung verwenden würden) Die Masse von Lese- und Schreiblernmaterialien, wie zum Beispiel vorgefertigte Wortkarten und Satzpartikel etc., kann in ähnlicher Weise genutzt werden, indem man Sätze durch das Aneinanderhängen von Worten bildet.

Zu Hause können Eltern die Zeichen und Worte, die ihre Kinder benutzen, erweitern, indem sie die Worte innerhalb ganzer Sätze aufschreiben und mit ihren Kindern üben, sie zu lesen. Dabei ist es am besten die Karten auf denen die Sätze stehen, an einen gut erreichbaren Platz zu legen, sodass die Kinder sie zur Kommunikation heranziehen können (zum Beispiel: »Ich möchte fernsehen!«, »Ich hätte gerne mehr!«, »Wo ist ...?«, »Darf ich in den Garten?«). Vielen

Kindern macht es großen Spaß, so in Kommunikation mit Anderen zu treten, weil sie durch das Lesen in der Lage sind, ganze Sätze von sich zu geben, wohingegen sie ohne die Karten nur einzelne oder vielleicht zwei zusammenhängende Worte sagen könnten.

Konversationstagebücher, die in der ersten Person geschrieben sind, helfen den Kindern ebenfalls, ihre Sprechfertigkeit mit Hilfe des Lesens zu verbessern. Tagebücher können den Kindern helfen, in ganzen, grammatikalisch richtigen Sätzen über ihre täglichen Aktivitäten zu reden und nicht nur Schlagworte zu verwenden. Diese Praxis wird den Kindern außerdem eine Hilfe sein, sich neu gelerntes Vokabular und grammatische Strukturen zu merken und in die spontane Sprache aufzunehmen.

Bei Erwachsenen mit Kopfverletzungen oder nach einem Schlaganfall ist es schon seit vielen Jahren eine anerkannte Methode, mit Hilfe des Lesens das Sprechen zu trainieren und zu verbessern, sodass sich in Fachbüchern, die sich mit diesem Phänomen beschäftigen, eventuell Lernmaterialien finden lassen.

Für Kinder (auch im Vorschulalter) finden sich Kopiervorlagen für diverse Lernmaterialien im Buch *Kinder mit Down-Syndrom lernen lesen* (G&S Verlag). Der *GuK-Kasten*, entwickelt von Prof. Etta Wilken, bietet Gebärden, Wort- und Bildkarten. Weitere nutzbare Materialien finden sich im Programm spezialisierter Verlage, wie etwa dem *Verlag für Pädagogische Medien* oder dem *Kleinen Verlag* (Adressen im Anhang).Zudem kann man sich auf der Suche nach Lernmaterialien natürlich an Logopäden wenden.

Entwickeln und Unterstützen des Erinnerungsvermögens

Kindern wird, solange sie lesen, geholfen, sich Sprache zu merken und zu lernen. Eltern und Lehrer können die Merkfähigkeit der Kindern unterstützen, wenn sie mit ihnen Denkspiele spielen, die sie ermutigen, sich Worte und Sätze bzw. Beschreibungen von Bildern, die sie durch Lesen geübt haben, zu merken. Sie können sie ansporonen, indem sie ihnen so viele Finger zeigen, wie sie sich Worte merken sollen und sie dadurch stärker motivieren, mehr als nur eine Ein-Wort-Antwort zu geben. Sie können außerdem Worte lesen und sie dann zudecken, oder ganze Sätze und die Worte nacheinander aufdecken, um den Kindern zu helfen, sich mit der Zeit einen ganzen Satz merken zu können.

Fach übergreifende Anwendung

Gedächtnistraining kann in jedes Fach des Lehrplanes aufgenommen werden, um zu helfen, sich neue Informationen leichter zu merken. Bilder, Worte, Sätze, Buchstaben, Zahlen oder jede andere Art von Informationen können auswendig gelernt werden. Die Kinder werden dadurch ermuntert, Informationen zu wiederholen und sich zu merken, was sie vorher vielleicht nicht getan haben. Eine rechteckige Pappschablone, die Klappen oder Türchen hat, die man öffnen und schließen kann, kann hilfreich sein, wenn man sie über das Lehrmaterial legt. Broadley hat diese Methode erfunden und in dem Buch *Special Children* (1992) ausführlich beschrieben. Beispiele bei denen sich diese Methode als besonders nützlich erwiesen hat, sind: Das Lernen von Telefonnummern (eine Nummer pro Kästchen), das Buchstabieren (ein Buchstabe pro Kästchen), das Lernen von Sätzen (ein Wort pro Kästchen) und das Merken einer beliebigen Informationsreihe. Diese Aufgaben scheinen über die Fähigkeit der Kinder hinauszugehen, können jedoch mit Hilfe der *Schablonenmethode* bewältigt werden.

Listen, Zusammenfassungen und Stichworte

Es hilft Kindern, ihre Schreibfertigkeiten und ihr Gedächtnis zu trainieren, wenn sie die Fähigkeit entwickeln, sich Notizen zu machen und Listen zu verwenden. Benutzen sie so oft wie möglich Stift und Papier und bemühen sie sich, immer einen Notizblock parat zu haben, um wichtige Ideen oder Dinge, die sich die Kinder merken sollen, aufschreiben zu können. Fertigen sie zum Beispiel eine Liste oder ein Verzeichnis an (aus Worten, Bildern oder Symbolen), die die Kinder, wenn sie Fortschritte machen, abhaken können. Die Komplexität hängt vom Alter und den Lesefertigkeiten der Kinder ab. Man kann sich den Nutzen dieser Methode vor allem bei fortgeschrittenen und älteren Kindern vorstellen, aber selbst zwei Worte oder Symbole auf einem Blatt helfen jüngeren und weniger weit fortgeschrittenen Kindern bereits. Listen und Stichworte sind eine nützliche Hilfe, Kindern beizubringen, Aufgaben alleine zu erledigen, wenn sie älter werden. Die Möglichkeit um Hilfe zu bitten oder ihre Arbeit kontrollieren zu lassen, kann ebenfalls in die Liste eines Kindes aufgenommen werden.

Listen können den Kindern auch helfen nach vorn oder rückblickend zu denken, was wichtig für jegliches Zeitverständnis ist. Erklären und beschreiben sie, was die Kinder schon getan haben, was sie gerade tun und was sie tun werden und wie diese Dinge zusammenhängen. Helfen sie ihnen, die Vergangenheit und die Zukunft zu verstehen und wie beide sprachlich ausgedrückt werden können. Verstärken sie das Verständnis der Kinder von Zeit visuell, zum Beispiel durch Tagebücher oder einen Wandplaner.

Das *Storyboard-Format*, wie es weiter unten dargestellt ist, ist eine Möglichkeit, Informationen zu jedem Thema und mit jedem Schwierigkeitsgrad zu zerlegen und zu präsentieren. Ein Bild oder Symbol kann in jedes der Kästchen gezeichnet und durch darunter geschriebene Instruktionen verdeutlicht werden. Das unten angegebene, verkleinerte Beispiel wurde für ein zwölfjähriges Kind im Unterricht verwendet. Die im Anhang zur Verfügung gestellten Formulare, können aber, wenn sie dementsprechend modifiziert werden, auch schon im Unterricht mit jüngeren Kindern verwendet werden.

Herzlichen Dank an Suzanne Hockenhull, Hulbert Middle School, von der der Entwurf für das Storyboard stammt.

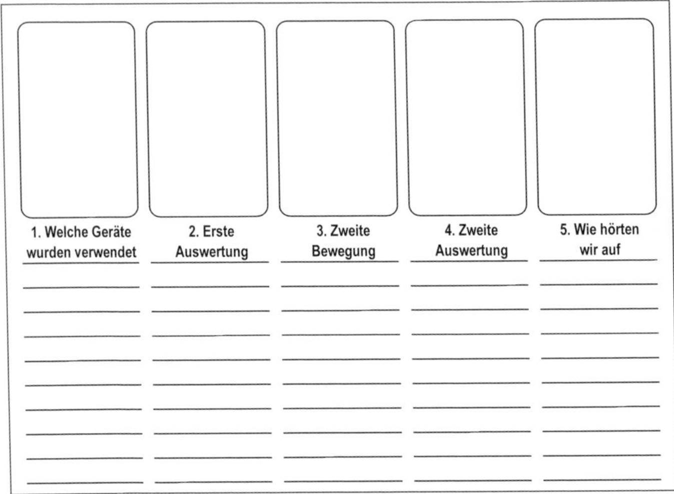

»Storyboard«-Formular (verkleinert)

Kategorien einsetzen

Neues Vokabular kann schneller gelernt, gespeichert und später abgerufen (und verwendet) werden, wenn Worte mit ähnlicher Bedeutung zusammen besprochen und gelernt werden. Gehen Lehrer auf diese Weise vor, ist es möglich die Unterschiede und Gemeinsamkeiten zwischen assoziierbaren Worten, sobald das Kind sie lernt, zu erklären, wodurch das Verständnis der Kinder differenzierter wird und sich der Wissensstand weiter entwickelt. Ein gut organisiertes Grundwissen, das Begriffs- und Bedeutungskategorien benutzt, um Informationen zu speichern und zu vernetzen, lässt das Gedächtnis effektiver arbeiten. Lernstrategien, die darauf ausgerichtet sind, die Organisation des Wissens zu unterstützen, sind deshalb von großem Vorteil. Erklärt man die Unterschiede und Ähnlichkeiten zwischen Wortkategorien wie zum Beispiel zwischen einer Tulpe, einer Rose und einem Gänseblümchen oder einem Gemüsehändler, einem Supermarkt, einer Apotheke, einem Metzger, einem Bäcker und einem Zeitungshändler, indem man die Worte aufeinander bezieht, hilft es Kindern, die volle Bedeutung der Worte besser zu erfassen.

Einige Lernprogramme nutzen dieses Konzept, ein Vokabular in Kategorien aufzubauen, um Kindern große Mengen an Informationen beizubringen und erzielen damit gute Resultate, die wiederum positive Auswirkungen auf das Wissen und die Entwicklung des Begriffsvermögens haben. Die Methoden mit denen gearbeitet wird, schließen die Präsentation von Bildern in Kategorien und die dazugehörige Beschreibung ein.

Kinder werden sich mehr Mühe geben und mehr Engagement beim Lernen zeigen bei Aufgaben, die aus dem Gedächtnis heraus erledigt werden müssen, wenn sie Teil eines Spiels sind. Sprachtherapeuten und Logopäden können ihnen sicherlich Spiele nennen, die gemäß der individuellen Zielvorstellungen angepasst werden können. Einige Lernspiele sind auch im Anhang angegeben.

Artikulation

Haben Kinder bis zum fünften Lebensjahr bereits ein gutes Sprachverständnis, sprechen aber nur wenig oder gar nicht, ist nicht unbedingt ihre langsame Entwicklung der Grund für ihre Sprechverzögerung. Es ist eher wahrscheinlich, dass sie Sprachstörungen haben und spezielle Hilfe brauchen. Beispiele für diese

Hilfestellungen können das Lesenlernen, das Lernen von Zeichen und das Erlernen einer besseren Kontrolle der Muskeln, die zum Sprechen gebraucht werden, sein.

Neueste Untersuchungen, die sich mit Hilfe elektronischer Palatographie (Hamilton, 1993) mit den Artikulationsmustern junger Erwachsener mit Down-Syndrom beschäftigen, unterstützen die Annahme, dass Menschen mit Down-Syndrom Schwierigkeiten haben, schnelle Bewegungen der Zunge, die für eine deutliche Aussprache nötig sind, zu koordinieren. Die Gründe dafür liegen in verschlechterter Zungenmobilität und motorischer Programmierung, sowie phonologischer Verzögerung. Das bedeutet, dass undeutliche Aussprache nicht nur auf Schwierigkeiten in der phonologischen Entwicklung zurückzuführen ist, sondern auch auf die Probleme beim Kontrollieren, Planen und Ausführen von Bewegungen der Zunge, des Mundes und Gesichts.

Kinder, bei denen das Sprechen verzögert ist, üben nicht so häufig wie Kinder ohne Verzögerungen, Laute von sich zu geben und die Muskeln, die für die Laut- und Sprachproduktion benötigt werden, zu kontrollieren. Dem kann man entgegenwirken, indem man die Kinder ermuntert Geräusche und Lautfolgen von sich zu geben, auch wenn sie nicht in der Lage sind, ganze Worte zu sagen. Viele Therapeuten treten für den Erfolg dieser Methode ein und die Mehrheit der Sprachtherapeuten und Logopäden verbessert mit iher Arbeit die Artikulation in der Entwicklung des Kindes. Leider kommen diese Aktivitäten manchmal zu selten und zu spät zur Anwendung.

Viele Kinder können Worte deutlicher aussprechen, wenn sie diese lesen, als wenn sie diese spontan aussprechen. Andere Kinder können Worte nur dann aussprechen, wenn sie vorher gelernt haben, sie zu lesen. Warum das so ist, muss noch geklärt werden. Um das Lesen als Hilfe zur Verbesserung der Artikulation heranzuziehen, kann man ein Wörterbuch anlegen, das Worte mit Lauten, die den Kindern Probleme bereiten, beinhaltet. Fragen sie einen Sprachtherapeuten beim Anlegen eines solchen Buches um Rat. Er wird ihnen Vorschläge zu Wortlisten machen können, die den Unterschied zweier Laute, die ähnlich klingen betonen (sogenannte Minimalpaare). Sprachtherapeuten besitzen außerdem Listen, die als Beispiele für bestimmte Laute oder Lautgruppen verwendet werden können und die es auch dem Lehrer erleichtern, Schwerpunkte zu setzen.

Zeichensprache

Zeichensprache wird vor allem in frühen Jahren genutzt, um Kindern mit Down-Syndrom das Sprechen beizubringen. Sie kann außerdem ein wichtiges Instrument der Kommunikation mit Kindern sein, die wenig oder gar nicht sprechen und/oder Artikulationsschwierigkeiten haben. Es gibt sehr viele Gründe für die Nutzung von Zeichen und es ist zweckmäßig sie hier darzulegen:

Sie helfen Verständnis zu erreichen

Zeichen können helfen, ein Verständnis für Sprache zu entwickeln, besonders bei Kleinkindern oder Babys. Zeichen erklären die Worte, die sie hören und helfen Hörschwierigkeiten, die Kleinkinder eventuell haben, zu überwinden. Dies gilt sowohl für einzelne Worte, die sie sonst vielleicht durcheinander bringen würden, wie auch für das Verständnis ganzer Sätze. Da Zeichen helfen, die Sprache zu entwickeln, beeinflussen sie auch die kognitive Entwicklung eines Kindes in positiver Weise.

Sie helfen den Kindern sich auszudrücken

Zeichen helfen Kindern, die Verzögerungen beim Sprechen zu überwinden und befähigen sie, auf einem komplexeren Level zu kommunizieren, als es ihnen in frühen Jahren sonst möglich wäre. Sie sind mit Hilfe der Zeichen zu einem Zeitpunkt in der Lage, ihren Gedanken und Gefühlen Ausdruck zu geben, zu dem sie noch nicht in der Lage sind zu sprechen oder anders als durch natürliche Gestik (die ja auch eine Art Zeichen ist) zu kommunizieren. Wird den Eltern das Verständnis, das ihre Kinder durch die Kommunikation mit Zeichen zum Ausdruck bringen erst einmal bewusst, tritt bei ihnen eine Wende in der Art ein, wie sie mit ihren Kindern in Interaktion treten. Ohne die Beachtung und Nutzung von Zeichen passiert es schnell, dass man das Verständnislevel, die Auffassungsgabe und die kognitive Entwicklung eines Kindes unterschätzt. Wir kennen viele Beispiele, wo Kinder wie ausgewechselt erschienen, sobald sie in der Lage waren, Zeichen zu verwenden. Sie entwickelten sich von Behinderten, die zurückgeblieben erschienen und nur wenig Verständnis für ihre Umwelt zeigten, zu glücklichen, interaktiven Kindern.

Viele Kinder profitieren davon Sätze in Zeichensprache zu konstruieren, manchmal sogar bevor sie einzelne Worte sprechen können. Sind sie dann in der Lage zu sprechen, ist es wahrscheinlicher, dass sie in ganzen Sätzen reden, weil ihre linguistische Entwicklung trainiert und gepflegt wurde.

Für welche Kinder ist es besonders wichtig Zeichensprache zu benutzen?

Obwohl die meisten Kinder mit Down-Syndrom Schwierigkeiten beim Spracherwerb haben, variiert das Ausmaß dieser Schwierigkeiten enorm. Es ist unmöglich vorherzusagen, welche Kinder auch ohne Zeichensprache gute Fortschritte machen können und welche vom Umgang mit Zeichen in ihren frühen Jahren profitieren und in ihrer Sprachentwicklung unterstützt werden, später aber die Verwendung von Zeichen zu Gunsten der Sprechens fallen lassen. Man weiß vorher nicht genau, welche Kinder die Zeichen beibehalten werden, um die Kommunikation zu unterstützen und welche Kinder niemals in der Lage sein werden, einigermaßen angemessen sprechen zu können und für die Zeichensprache somit überlebenswichtig sein wird. Wir bestärken die Eltern, vom sechsten Monat an mit Zeichensprache zu beginnen und dies solange fortzuführen bis eindeutig ist, dass ihr Kind die Zeichen nicht mehr braucht.

Obwohl die Verwendung von Zeichen relativ klar zu sein scheint, gibt es bestimmte Arten wie sie am Besten gehandhabt werden sollten, nämlich durch Sprache begleitet, sodass die Kinder angehalten werden, neben der Zeichensprache ein verbales Ausdrucksvermögen zu entwickeln. Deshalb sollte das Lernen von Zeichen idealer Weise von einem Sprachtherapeuten überwacht werden.

Eltern haben viele Merkmale, die sie zu ausgezeichneten Sprachlehrern machen, zum Beispiel Sensibilität den Bedürfnissen ihrer Kinder gegenüber, genaue Kenntnis des Verständnislevels und der kommunikativen Absichten ihres Kindes, deutliches und langsames Sprechen, die Art und Weise wie sie mit ihren Kindern spielen, der Inhalt und die Art des Sprechens im Umgang miteinander. Zeichensprache ist ein weiterer Faktor, den viele, wir eingeschlossen, für sehr wichtig erachten, aber sie sollte nur als eine Ergänzung zu den vielen anderen Faktoren, die die Sprech- und Sprachentwicklung von Kindern beeinflussen, gesehen werden.

Für Kinder im Schulalter werden andere Faktoren zunehmend wichtiger: Die Bereitschaft und Fähigkeit des Schulpersonals Zeichen zu verwenden und die Zeichen der Kinder zu verstehen. Das scheint häufig bei der Auswahl der Schule ein Problem zu sein, aber unserer Erfahrung nach verflüchtigen sich diese Probleme, sobald man an der Schule damit beginnt. Zeichen zu erlernen ist einfach und viele Lehrer und Kinder an ganz normalen Schulen haben sie gelernt und hatten Freude daran. Das Sprachvermögen einiger Kindern mit Down-Syndrom, die normale Schulen besuchten, hat sich so rapide verbessert, dass schon nach den ersten paar Jahren die Zeichensprache völlig unnötig wurde. Viele Kinder beginnen mit ein paar einzeln Worten im Alter von fünf Jahren in normalen Schulen und können im Alter von sieben Jahren ganze Sätze sprechen. Natürlich machen nicht alle Kinder so große Fortschritte, aber Zeichen werden auch bei ihnen im Laufe ihrer Schulzeit weniger wichtig werden, als sie es am Anfang, im Alter von fünf Jahren, waren.

Manche Kinder werden vielleicht nie lernen, richtig zu sprechen und für diese ist es ganz besonders wichtig, Zeichen zu verwenden, zu lesen und alle anderen Arten der Kommunikation zu benutzen und weiterzuentwickeln.

In Großbritannien wird vielfach und erfolgreich mit Makaton-Zeichen gearbeitet. Makaton bietet für den englischsprachigen Raum Vokabelentwicklungsprojekte, Wörterbücher und Kurse an. In Deutschland ist diese Methode allerdings wenig verbreitet. Bei Interesse bietet sich ein Besuch der Homepage (http://www.makaton.org) an, wo man ausführliche Informationen bekommen kann.

In Deutschland gibt es die von Prof. Wilken entwickelte *GuK-Methode*, die »Gebärden-unterstütze-Kommunikation«, für die bereits Material erhältlich ist (siehe Anhang). Natürlich werden ihnen auch Sprachtherapeuthen oder Logopäden weiterhelfen können, wenn es um Material oder Kurse zur Kommunikation mit Gebärden oder Zeichen geht.

Es ist übrigens nicht richtig, dass Zeichen und Gebärden nur in Förderschulen eingesetzt werden können. Förderschulen für Kinder mit schweren Lernproblemen benutzen zwar für gewöhnlich Zeichen, aber das Ausmaß in welchem von ihnen Gebrauch gemacht wird, variiert stark von Schule zu Schule.

Kinder mit Down-Syndrom, die von der Zeichensprache abhängig sind, müssen in ihrem täglichen Umfeld in ganzen Sätzen, nicht nur in Schlagworten, angesprochen werden und der Inhalt sollte mit Zeichen unterstützend verdeutlicht werden. Schulen für Kinder mit mäßigen Lernschwierigkeiten variieren noch mehr in ihren Praktiken, was die benutzung von Zeichen oder Gebärden angeht, als Schulen für Kinder mit gravierenden Lernschwierigkeiten.

Für die Mehrzahl der Kinder an normalen wie an Förderschulen sind Zeichen keine Voraussetzung zum Spracherwerb. Wenn Kinder ausreichend gut den Sinngehalt zu ihnen gesprochener Worte erfassen und (mit oder ohne Hörgerät) hören können, aber Gebärden benötigen um sich auszudrücken, dann sollte man ihren Bedürfnissen einfach entgegenkommen, indem man den oder die Lehrer dementsprechend schult oder weiter bildet.

Sind die Kinder jedoch stark schwerhörig und brauchen Zeichen, sowohl um zu verstehen als auch um sich auszudrücken, dann wird der Gebrauch von Zeichensprache zu einem Faktor, dem die Schule insgesamt Aufmerksamkeit schenken muss. Diese Kinder werden in einer normalen Klassenatmosphäre, ohne angemessene Verwendung einer gebärdenorientierten Kommunikationsmethode, auf große Schwierigkeiten stoßen. Das gilt natürlich auch für Förderschulen. Das schlechte Gehör muss dann als eigentliche Behinderung angesehen werden und man sollte sich daher von einer zuständigen Stelle für Hörgeschädigte Rat holen!

Die Art der Interaktion: Offene und geschlossene Fragen

Die Art und Weise wie mit Kindern gesprochen wird, beeinflusst auch die Art in der sie antworten. Besonders negativ ist dabei, dass sich bei Erwachsenen, die mit sprachgestörten Kindern reden, häufig die Gewohnheit einschleicht geschlossene Fragen zu stellen. Zum Beispiel könnte ein Lehrer sagen: »Warst du gestern schwimmen?« (Also eine geschlossene Frage stellen, die nur mit »ja« oder »nein« beantwortet werden kann, anstelle einer offenen Frage, die einen vollständigen Antwortsatz erfordert, wie: »Was hast du gestern gemacht?«)

Wood (1986) beobachtete, wie Lehrer mit gehörlosen Kindern im Alter von drei bis elf Jahren kommunizieren. Indem er die Lehrer aufforderte, die Art und Weise wie sie mit den Kindern sprechen zu ändern, war es ihm möglich, aufzuzeigen, das unablässiges Fragen und ständiges Verbessern der Kinder(z.B. das Vervollständigen von Sätzen für die Kinder) Hand in Hand gehen und die Kinder davon abhalten, eine aktive und produktive Rolle im Gespräch einzunehmen. Wenn Lehrer seltener Fragen stellen würden und sensibler für das, was die Kinder zu sagen haben, wären, würden sich Kinder vermutlich durch häufigere und längere Beiträge zum Gespräch revanchieren.

Ähnliche Ergebnisse wurden von Angela Byrne 1993 in ihrer Studie über Kinder mit Down-Syndrom im Alter von sechs bis dreizehn veröffentlicht. Sie fand heraus, dass Kinder längere Äußerungen hervorbrachten, wenn die vorausgegangene Äußerung des Elternteils eine »W-Frage« war (eine offene Frage also, wie zum Beispiel: »Was machst du gerade?«, »Warum bist du ...?«).

Andere Möglichkeiten Gespräche zu stimulieren und den Kindern dadurch zu ermöglichen, produktive Fertigkeiten zu entwickeln, schließen Antworten und Reaktionen wie »hm«, »ehrlich?«, »meine Güte«, oder »Das ist ja interessant, erzähl mir mehr« mit ein, wobei natürlich bedacht werden muss, den Kindern Zeit zum reagieren zu lassen.

Der gesellschaftliche Aspekt der Sprache

Der gesellschaftliche Nutzen von Sprache kann durch Theater und Rollenspiele und natürlich ausreichende Übung in realen Situationen entwickelt werden. Diese Methoden sind ganz besonders hilfreich für Teenager in Sekundarschulen, um sie auf die an Zahl und Umfang zunehmenden gesellschaftlichen Situationen, auf die sie im Erwachsenenleben stoßen werden und die sie meistern müssen, um Selbständigkeit und Unabhängigkeit zu erreichen, vorzubereiten. Einige Programme wurden aus diesem Grund erstellt, wie zum Beispiel *The Social Use of Language Programme* von Wendy Rinaldi aus dem Jahre 1992. Die meisten gesellschaftlichen

Bedürfnisse werden jedoch durch den Lehrplan abgedeckt, wobei Mehrarbeit und Hilfe, falls benötigt, vom zuständigen Betreuer mit in das Arbeitsprogramm aufgenommen werden können.

Arbeit am Computer

Eine ordentliche Auswahl an Software für das Unterrichten und Unterstützen von Spracharbeit aller Stufen wurde für eine Reihe von Rechnern entworfen. Fragen sie Lehrer und Berater nach Empfehlungen für Kinder, die Hörschwächen oder Sprech- und Sprachstörungen haben. (Wenn sie nach Software für ein Kind mit Down-Syndrom fragen, könnten unbefriedigende Ergebnisse dabei herauskommen!) Software die dazu gedacht ist, das Buchstabieren zu lernen, die Aufmerksamkeit auf Lautgruppen und das Lesen zu lenken, hilft auch, das Zuhören, die Artikulation und das Sprechen zu trainieren.

Computer and children with Down's syndrome: An introductory guide for parents von Rebecca Stores (1993), veröffentlicht vom Sarah-Duffen-Zentrum, Universität Portsmouth, beinhaltet viele Informationen, die vor allem für Lehrer interessant sind und schließt eine umfassende Liste von Softwareanbietern und Informationsstellen ein. Eine Entsprechung für den deutschen Sprachraum fehlt leider bisher.

Einige Kinder profitieren vom Zugang zu einem Rechner mit synthetisierter Sprache, besonders diejenigen mit starker Dysphasie und Artikulationsschwierigkeiten. Synthetisierte Sprache in Verbindung mit Zeichensprache befähigt die Kinder eher zur Kommunikation als Zeichensprache allein. Ausreichende Lesefähigkeiten sind bei der Benutzung eines Sprachsynthesizers aber angeraten, obwohl gute Lese- und Buchstabierfähigkeiten nicht immer erforderlich sind, weil die Kinder unter Bildschirmicons auswählen können oder eine Kombination aus Icons und Text verwenden können.

Zusammenfassung

Die meisten zusätzlichen Informationen die Lehrer benötigen, um den erzieherischen Bedürfnissen von Kindern mit Down-Syndrom gerecht zu werden, beziehen sich auf ihre Sprachentwicklung. Es gibt viele Möglichkeiten, mit den spezifischen Schwierigkeiten, die in Teil 1 beschrieben worden sind, fertig zu werden. Dabei darf aber nicht vergessen werden, dass der maximale Erfolg erst erreicht wird, wenn diese Methoden auf den ganzen Lehrplan angewendet werden.

Lesen

Einführung

Lesen ist ein Teil des Lehrplans, in dem sich viele Kinder mit Down-Syndrom hervortun können und oft Fertigkeiten entwickeln, die auf gleichem Niveau mit denen von anderen Kindern liegen. Kinder jeden Alters können beginnen, lesen zu lernen und unserer Erfahrung nach macht es ihnen in den meisten Fällen Freude. Sie profitieren vor allem hinsichtlich des Spracherwerbs schon ab dem dritten Lebensjahr davon.

In manchen Fällen haben Kinder Leseschwierigkeiten, ganz unabhängig davon, ob sie Down-Syndrom haben. Bedenkt man, dass einige Kinder ohne Lernschwierigkeiten nicht vor ihrem siebten Lebensjahr lesen können und dass einige wenige niemals Lesen lernen, wäre es naiv, davon auszugehen, dass alle Kinder mit Down-Syndrom lesen lernen können. Aber! Gibt man ihnen die Möglichkeit dazu, wird die überwiegende Mehrzahl von ihnen, weit über die vielfach erwartete Spanne hinaus, Erfolg haben! Sei es, dass sie nützliches Vokabular lernen oder dass sie wirklich fließend lesen können. Lesen kann Wege eröffnen, Kindern mit Down-Syndrom zu helfen, über ihre spezifischen Lernschwierigkeiten hinwegzukommen, den Lesen ist immer auch eine Sprachlernaktivität. Lehrer können das Lesenlernen auf vier verschiedene Arten für die weitere individuelle Planung des Leseprogramms berücksichtigen:

1. Lesen, um die Arbeit und die Erweiterung des Wissens in allen Bereichen des Lehrplans zu unterstützen.
2. Lesen, um spezifischen Problemen des Spracherwerbs zu begegnen.
3. Lesematerialien, um die Fertigkeit zu lesen zu verbessern.
4. Um Lesematerialien und -programme von Beginn an mit der Klasse teilen zu können (Ein wichtiger Aspekt!).

Punkt 2. wurde bereits oben ausführlich beschrieben.

Das Lesen von Büchern

In normalen Schulen wird meist mit den selben Büchern und Lehrmethoden für alle Kinder begonnen. Einige Kinder kommen sehr gut ohne spezielle Materialien voran, andere dagegen können durch unangemessene Materialien unnötig benachteiligt werden. Die Schwierigkeiten auf die sie stoßen, können in zwei Kategorien eingeteilt werden: Die meisten Anfängerlesebücher beinhalten entweder zu wenig Text oder ihr Inhalt ist viel zu komplex.

Die ersten Lesebücher

Beispielhaft für die erste Kategorie sind Bilderbücher. Sie sind in den meisten Förderklassen zu finden, um das Interesse der Kinder an Büchern und ihr Vertrauen in das Lesen, in Sprache und das Sprechen zu wecken. Die Bilder sind häufig sehr komplex und die Interpretation der Geschichten erfordert Fähigkeiten, die weit über die der meisten Sechsjährigen mit Down-Syndrom hinausgehen. Die Kinder benötigen ein gutes Gedächtnis, linguistische und kognitive Fähigkeiten, um der Geschichte vom Anfang bis zum Ende folgen zu können, wobei der Text einer Seite vielleicht aus einem einzelnen Wort bestehen kann.

Die Kinder werden dazu ermutigt, über die Bilder und die Geschichte zu sprechen, eine Aufgabe, die für die meisten Kinder mit Down-Syndrom in diesem Alter zu schwierig ist, weil sie oft nur einzelne oder bestenfalls zwei aufeinander folgende Worte sprechen können. Daraus ergibt sich, dass viele Kinder mit Down-Syndrom bei dieser Art von Büchern hängen bleiben, während der Lehrer darauf wartet, dass sich ihre Ergebnisse verbessern, bevor er mit dem Lesenlernen fortfährt. Deshalb sind die Kinder später nicht in der Lage, das Lesen als Hilfe zur Sprech- und Sprachentwicklung zu nutzen.

Diese Art von Büchern ist zwar für einige spezielle Zwecke hilfreich, nicht aber, um Kindern mit Down-Syndrom das Lesen und Sprechen zu lehren. Die ersten Lesebücher sollten aus unkomplizierten Geschichten mit einfachen Sätzen und dazugehörigen Bildern bestehen. Die Worte lernen die Kinder zu Beginn am besten mit Karteikarten. Dann kann nach und nach neues Vokabular hinzukommen, während die bereits gelernten Worte immer wieder wiederholt werden. Die grammatikalischen Strukturen sollten ebenso mit der Zeit komplexer werden.

Passende Leselernbücher können aus aus dem Programm verschiedener Verlage (siehe auch im Anhang) herausgesucht werden. Vielen der spezifischen Bedürfnisse eines Kindes mit Down-Syndrom kann man auch ohne den Kauf besonderer Materialien Rechnung tragen. Die Lesevorlieben der Kinder können niemals vorhergesehen werden; sie werden individuell sehr verschieden sein und wir empfehlen deshalb, dass zunächst mit den gleichen Materialien wie ihre Klassenkameraden zu beginnen. Wenn nötig, muss der Lehrer das Material für die Kinder mit Down-Syndrom aber rasch sinnvoll anpassen und ergänzen.

Für die Lehrer ist es sinnvoll, zuerst erprobte Prinzipien anzuwenden, vorhandene Materialien zu benutzen und dann durch genaues Beobachten die Freude am Lernen und die Geschwindigkeit des Fortschritts als Indikatoren zu betrachten, ob die Auswahl richtig und angepasst erfolgt ist. Gegebenfalls ist material und Methode den Bedürfnissen der Schüler immer wieder anzupassen.

Verlassen sie sich auf ihre persönliche Wahrnehmung und Erfahrung und die Informationen, die sie vom (Sprach-) Therapeuten bekommen, um die richtigen Materialien auszuwählen. Arbeiten die Kinder z.B. am Verständnis von Imperfekt und Futur, sollten ihre Arbeitsmaterialien diese Aspekte natürlich auch beinhalten. Haben sie dieses Level bereits überschritten, kommen aber mit dem Lesen nur langsam voran, versuchen sie nicht, nur Bücher auszuwählen, die ganz einfach sind, um den Schülern beim Lesen zu helfen. Das könnte, weil das Verständnis ja schon weiter fortgeschritten ist, langweilig und eher kontraproduktiv sein.

Machen sie sich keine Gedanken darüber, wenn Kinder Bücher auswählen und mit nach Hause nehmen, die für sie noch zu schwierig sind. Solange sie mit Spaß versuchen, sie zu lesen oder den Geschichten zuhören, können sie vielleicht von diesen Büchern lernen. Umgekehrt gilt das Gleiche, nehmen die Kinder Bücher mit, die sie leicht lesen können, halten sie sie nicht davon ab, denn sie werden Freude an einer Aufgabe haben, die sie allein lösen können. Vielleicht brauchen sie dieses Erfolgserlebnis, um ihr Selbstvertrauen zu stärken. Mit Hilfe einfacherer Bücher ist es eventuell möglich, sie zu lautem Lesen mit deutlicher Aussprache und besserer Betonung zu animieren.

Lesebücher für Fortgeschrittene

Klappt das Lesen besser, sollten Lehrer nachprüfen, ob das Gelesene auch verstanden wurde. Hierin besteht nämlich die zweite Kategorie der Schwierigkeiten, die oben bereits erwähnt wurden. Die Einschränkung des Kurzzeitgedächtnisses, auf die in diesem Buch immer wieder eingegangen wurde, verringert die Menge der Informationen, die Kinder mit Down-Syndrom aufnehmen und verarbeiten können.

Texte sind leichter zu erfassen, wenn sie, unterstützt durch Notizen oder Stichworte, in Stücke zerlegt werden, die in Größe und Inhalt angemessen sind. Es ist sehr wichtig den Kindern beizubringen, Dinge zusammenzufassen und während des Vorangehens im Text die zusammengefassten Punkte mit den Kindern zu wiederholen, in der Hoffnung darauf, dass sie schließlich von selber ihr eigenes Verständnis überwachen und diese Strategien ganz automatisch anwenden.

Alle Kinder brauchen eine Auswahl an unterschiedlichen, ihren Fertigkeiten angepassten Lesematerialien, um mit oder ohne Hilfe zu lesen und ihre Fertigkeiten verbessern zu können. Kinder mit Down-Syndrom brauchen diese ebenfalls, aber sie benötigen zusätzliche, gut strukturierte Lehrmaterialien, um ein Optimum an Fortschritt und Erfolg zu erreichen. Hören sie nicht auf, diese Kinder mit bunten, interessanten Büchern zu versorgen, aber schließen sie auch weniger stimulierende Bücher mit ein. Sie sollten Wert darauf legen, dass sie die Kriterien, die sie auch an den Aufbau der Lehrbücher in Bezug auf Sprache und Lesbarkeit stellen, erfüllen. Solche Bücher sollten durch Schwierigkeitslevel, Sprache und Schreibstil zum Lesenlernen optimiert sein, aber durchaus auch Bilder beinhalten. Das ist besonders für diejenigen Kinder wichtig, die sich nicht mehr auf das Geschriebene konzentrieren, sobald auf der selben Buchseite auch Bilder zu sehen sind. Sie könnten die Bilder nutzen, um den Verlauf der Geschichte zu erraten. Das ist eine sehr nützliche Methode, um sich im fortgeschrittenen Stadium des Lesenlernens, unbekannte Worte in einem Satz zu erschließen, aber am Anfang des Lesenlernens nicht sinnvoll. Untersuchungen von Wu und Soloman (1993) zeigen die Art und Weise in der Bilder die Entwicklung des Lesens bei allen Kindern hemmen können.

Wie fängt man mit dem Lesenlernen an

Einige Kinder lernen das Lesen durch die gleichen Lehrmethoden wie Kinder ohne Lernschwierigkeiten. Andere machen größere Fortschritte, wenn man strukturiertere Lehrmethoden anwendet. An dieser Stelle ist es sicher nützlich, die Lernschritte beim Lesen von Kindern unter fünf Jahren zu verfolgen, da die grundlegenden Methoden und Prinzipien für alle Kinder gelten. Das strukturierte Lehrprogramm des *Zuordnens, Heraussuchens und Benennens* kann eher bei Bildern als bei Worten angewandt werden. Es ist zum Lehren unterschiedlichster Fähigkeiten geeignet, zum Beispiel dem Erkennen von Zahlen, Farben, Formen, Größen, Steigerungsformen oder auch jedem anderen neuen Konzept, das in Bildern, Symbolen oder in Textform ausgedrückt werden kann. Die folgenden Warnungen sollten jedoch beachtet werden:

Kein Kind gleicht dem anderen. Aktivitäten, die dem einen gefallen, können dem anderen zuwider sein. Die grundlegenden Lernschritte des Programmes sind wichtig! Lassen sie sich nicht davon abschrecken, ihre eigenen Ideen zu integrieren, um den Kindern Spaß an der Sache zu bereiten. Kinder im Alter von vier Jahren und älter könnten es vorziehen, mit Sätzen oder Büchern, sowie Karteikarten für einzelne Worte zu beginnen. Die Kinder müssen in ihrem eigenen Tempo arbeiten und jeden einzelnen Schritt erfolgreich absolvieren, bevor man zum nächsten übergehen kann. Jedes Kind kommt unterschiedlich schnell voran. Erwarten sie keine allzu raschen Fortschritte und geben sie keinesfalls zu früh auf. Bemühen sie sich, keine Enttäuschung darüber zu zeigen, wenn es nur sehr langsam vorangeht. Viele Kinder, die zunächst nur sehr langsam vorwärts kommen, wenn sie das Lesen lernen, werden später zu richtigen Leseratten.

Zuordnen: Das Lesen einzelner Worte

Fertigen sie zwei identische Karteikarten für einige Wörter an, die das Kind versteht und kennt (Vier Stück sind erst einmal genug). Legen sie zunächst ein Kärtchen vor das Kind hin. Geben sie ihr oder ihm die zweite Karte mit dem gleichen Wort in die Hand und sagen sie (zum Beispiel):

»Hier steht *Katze*! Lege deine Karte zu der, auf der das Gleiche steht.«

Helfen sie dem Kind, die Aufgabe richtig zu beenden. In diesem ersten Schritt sichern sie durch das Fehlen jeglicher Auswahlmöglichkeit den Erfolg! Gehen sie beim zweiten Wort in gleicher Art und Weise vor. Erfolg ist der wichtigste Aspekt – seien sie sicher, dass die Kinder die Aufgabe richtig vollenden, wenn nötig, indem sie den Kindern die Hand führen oder ihnen vorsagen. Diese Technik nennt man *fehlerloses Lernen* und sie erhöht die Lerngeschwindigkeit der Kinder. Wenn Kinder konstant falsche Antworten einüben, wird es sehr schwierig, diese wieder zu korrigieren.

Nehmen sie immer nur ein neues Wort auf einmal dazu. Können die Kinder erst einmal zwei Worte ohne zu zögern zuordnen, nehmen sie ein drittes hinzu. Ist das gelernt, können sie ein viertes dazu nehmen. Vergessen sie jedoch nicht, dass die Aufgabe um so schwieriger wird, je mehr Worte die Kinder durchsuchen müssen. Vielleicht müssen sie jedes neue Wort in Kombination mit nur einem alten einführen, um die Kinder nicht zu überfordern, bevor sie ein größeres »Set« aus allen bekannten Worten bilden.

Herausssuchen

Den zweiten Schritt den Kinder lernen müssen, ist es, den Namen eines Wortes mit dem Wort selbst zu assoziieren. Sie werden, während sie das Zuordnen üben, damit beginnen, Name und Wort zu assoziieren. Die Kinder sind in der Lage, die Worte richtig zu verstehen, noch bevor sie sie aussprechen können. Benutzen sie die Karteikarten, die die Kinder bereits leicht zuordnen können. Legen sie zwei oder drei Karten vor sie hin und sagen sie (zum Beispiel):

»Gib mir (oder zeige mir) das Wort *Mama*!«

Helfen sie die richtigen Antworten zu geben, sodass sie wie zuvor den Erfolg sichern.

Sobald die Kinder zwei Worte korrekt heraussuchen können, nehmen sie ein drittes hinzu. Erhöhen sie die Anzahl der Worte nur langsam.

Benennen

Der nächste Schritt besteht darin, dass die Kinder lernen sollen, ein Wort zu benennen. Dieser Schritt scheint vor allem für Kinder mit Down-Syndrom sehr schwierig zu sein. Es kann sein, dass es ihnen viel leichter fällt, Zeichen zu machen, als Worte auszusprechen. Es wäre auch möglich, dass sie Artikulationsprobleme haben, was bedeutet, dass die Worte nicht deutlich ausgesprochen werden können. Loben sie die Kinder trotz allem immer für ihre Bemühungen!

Zeigen sie ihnen eine Wortkarte und sagen sie (zum Beispiel):

»Was ist das? Es ist eine Katze. Kannst du Katze sagen?«

Ermutigen sie die Kinder, das Wort mit ihnen nachzusprechen und wiederholen sie das Wort vielleicht auch noch einmal. Das wird helfen, die Aussprache zu verbessern. Verwenden sie wieder das Prinzip des fehlerfreien Lernens, indem sie den Kindern die richtigen Antworten vorsagen, bis sie selbst in der Lage sind, das Wort ohne zu zögern auszusprechen.

Wort-Bild-Zuordnungen können ebenfalls als eigene Übung benutzt werden, um das Lernen der Bedeutung eines Wortes zu vertiefen und das Verständnis des Kindes zu überprüfen, jedoch erst, wenn das Kind Wort-Wort-Zuordnungen beherrscht. Gestalten sie ein

Buch (ein Foto- oder Sammelalbum zum Beispiel) mit Worten und Bildern, das in Kategorien geordnet ist. Dabei orientieren sie sich am besten an den Interessen des Kindes, nehmen sie zum Beispiel, die Räume eines Hauses, Obst, einen Bauernhof, einen Zoo, das Meer, den Garten, Transportmittel usw. Lehren sie einzelne Worte, die in einen Satz eingebunden werden können und führen sie möglichst bald Verben ein.

Ganze Sätze lesen

Beginnen sie früh damit, mit ganzen Sätzen zu arbeiten. Selbst wenn Kinder noch nicht in der Lage sind, einzelne Worte zu lesen, hilft es ihrem Ausdrucksvermögen, wenn sie Sätzen folgen und auf die einzelnen Worte deuten können, während der Satz ihnen vorgelesen wird. Beherrschen die Kinder es bereits, einige Worte zu lesen, können diese in die Übungssätze eingebaut werden. Diese Sätze wiederum können dann auf ein Blatt Papier oder auf Karteikarten, die man dann zu einem Satz zusammenfügen kann, geschrieben werden. Einzelne Karteikarten zu einem Satz zusammenzufügen, ist eine sehr wertvolle Übung um die Fähigkeiten der Kinder zu entwickeln. Üben sie viel mit ihnen und geben sie den Kindern ausreichend Gelegenheit, ihnen beim Lesen und Deuten auf die einzelnen Worte zuzusehen. Muntern sie ihre Schüler auf, beim Hindeuten und Sprechen mitzumachen. Unterstützen sie ihre Satzarbeit mit Zeichen. Fahren sie neben dem Lesen von Sätzen auch mit der Zuordnungstechnik, also der Arbeit mit einzelnen Worten, fort. Haben Kinder bei bestimmten Worten Schwierigkeiten oder neigen sie dazu, zwei ähnliche Worte zu verwechseln (in Bedeutung oder Form), gehen sie zurück zum Zuordnen der Worte, um den Kindern die Unterschiede deutlich zu machen.

Bemühen sie sich, die Leseübungen an das Verständnis der gesprochenen Sprache der Kinder anzupassen und mit Hilfe des Lesens das Verständnis weiterzuentwickeln.

Die ersten Lernmaterialien

Eine große Menge an Materialien (Kärtchen) ist für das Anfangsstadium des Lesenlernens sehr nützlich und zwar sowohl für einzelne Worte als auch für ganze Sätze. Im Anhang geben wir ihnen ein paar Hinweise zum Bezug und zum selber basteln von nützlichen Lernmaterialien

Familienfotos sind übrigens hervorragend geeignet, Worte und Sätze zu lernen. Nehmen sie bereits vorhandene Fotos oder machen sie neue, die den Anforderungen, die sie an sie stellen, gerecht werden und notieren sie Sätze dazu, die die Tätigkeiten und Positionen der einzelnen Familienmitglieder beschreiben. Bemühen sie sich ganze Sätze zu verwenden, die auch „der/die/das«, »ist«, »sein/ihr« etc. mit einschließen, auch wenn die Kinder bisher noch nicht gelernt haben, diese als einzelne Worte zu lesen.

Es ist übrigens nicht notwendig Materialien unbedingt in gedruckter Form (sei es gekauft oder mit dem PC hergestellt) zu verwenden. Handgeschriebene Karten erfüllen genauso gut, wenn nicht sogar besser, ihren Zweck!

Stimmbildung

Haben Kinder ein »Sichtvokabular« erlernt, werden sie davon profitieren, wenn man ihre Aufmerksamkeit auf die Anfangslaute, die Misch- und Auslaute der gelernten Worte lenkt. Auch wenn Kinder mit Down-Syndrom in jungen Jahren das Lesen nicht durch das Lernen eines einzelnen Buchstabens und des dazugehörigen Lautes lernen, entwickeln dennoch viele diese Fertigkeit, die später wichtig wird, um buchstabieren und schreiben zu können. (Kinder mit Down-Syndrom, die Lesefertigkeiten entwickelt haben, beginnen häufig im Alter zwischen acht und neun Jahren, ihr Verständnis von Buchstaben und den dazugehörigen Lauten zu zeigen.) Ganz normale Unterrichtsmethoden können angewandt werden und viele spezifische Lehrmaterialien werden in dem Kapitel über Sprechen und Zuhören, Schreiben und Buchstabieren beschrieben.

Das Lesen mit Symbolen

Symbolsysteme können zu Hilfe genommen werden, um Kindern das Lesen zu erleichtern und Sprache nach den gleichen Grundprinzipien zu entwickeln, die auch angewandt werden, um das Lesen von Texten zu lernen. Symbole lesen zu lernen fällt einigen Kindern leichter, wenn es auch eine andere Aufgabe, als das Lesen eines Textes ist. Die Leser entziffern die Bedeutung von Symbolen, die letztendlich schwarze Strichzeichnungen sind, die in ihrem Symbolgehalt variieren. Sie können in Sätze und Bücher eingebaut werden.

Nach heutigem Stand der Forschung lässt sich auch durch Fachleute nicht vorhersagen, wer das Lesen eines Textes erlernen wird und wer nicht. Es gibt keinen Anhaltspunkt im Vorfeld, der anzeigen würde, welchen Kindern durch die Verwendung von Symbolen (z.B. GuK) geholfen werden kann.

Alle Kinder in regulären Schulen in Hampshire, mit denen wir in Kontakt stehen, haben zumindest ein bisschen lesen gelernt, aber wir würden es nicht als allgemeine Regel empfehlen, bei Kindern im Schulalter Symbole einzuführen.

Als Hilfe möchten wir im folgenden Vor- und Nachteile aufzeigen, um Lehrern und Sprachtherapeuthen Anhaltspunkte zu geben, wenn sie über die Einführung von Symbolsystemen entscheiden sollen:

Vorteile:

1. Viele Babys und Kleinkinder lernen schnell und leicht Symbole zu erkennen und ihre Sprech- und Sprachentwicklung kann als Folge davon profitieren.
2. Die meisten Kinder, mit oder ohne Lern- oder Sprachschwierigkeiten, haben Freude daran, Symbole zu lernen.
3. Viele kleine Kinder beginnen mit Symbolen und gehen dann zu Geschriebenem über. Entweder direkt oder sie benutzen Text und Symbol zunächst zusammen und reduzieren dann die Anzahl der Symbole zugunsten von Text.
4. Symbole sind gut, um schlecht motivierte Leser und diejenigen, die zu irgendeinem Zeitpunkt ihrer »Lesekarriere« Misserfolge erfahren haben, zu unterrichten. Einige dieser Kinder kommen soweit voran, dass sie später in der Lage sind Texte zu lesen.

5. Symbole können in Sätzen verwendet werden, um den Kindern zu helfen ein Verständnis für Satzstrukturen zu entwickeln und sich mit Zeichen und Sprache auszudrücken.

Nachteile

1. Den Gewinn, den Kinder durch Sprache machen, kann nicht mit denen durch das Lesen von Symbolen verglichen werden, da Texte der gesprochenen Sprache entsprechen und die Buchstaben sogar Hilfen bei der Aussprache liefern. (Viele Eltern berichten von einer Phase in der Entwicklung ihrer Kinder, in der die Kinder zwar in der Lage sind, erkannte Worte in einem Text zu sprechen, aber keine sprachleche Reaktion auf Bilder und/oder Symbole zeigen.)
2. Der Erfolg und der Spaß den Kinder an Symbolen haben, kann Lehrer davon abhalten, ihnen richtig Lesen zu lehren.
3. Viele Kinder (mit Down-Syndrom) können schon im Alter von drei Jahren mit Leichtigkeit lernen, Karteikarten zu lesen und müssen garnicht erst mit Symbolen beginnen.
4. Unsere Beobachtungen lassen vermuten, dass es leichter und wesentlich interessanter für kleine Kinder ist, Karteikarten lesen zu lernen, als für ältere, da sie wahrscheinlich nicht so schnell vorankommen, wenn das Lesen erst spät gelernt wird.
5. Wenn Kinder beim lernen Texte zu lesen gute Fortschritte machen, macht es wenig Sinn, ihnen auch noch Symbole beizubringen. So unwahrscheinlich es klingen mag, passiert genau dies jedoch immer wieder in (Förder-) Schulen, deren Programm es halt vorsieht, mit Symbolen zu arbeiten.

6. Bilder und Symbole zu verarbeiten verläuft anders, als Text zu verarbeiten. Symbole lesen zu lernen ist nicht erforderlich, um Text lesen zu lernen. Dass Kinder mit Down-Syndrom gewöhnlich beides können, sollte keine geordnete, aufeinander folgende Beziehung der beiden Fertigkeiten implizieren.

Zusammenfassung

Kinder mit Down-Syndrom können sich, verglichen mit ihren Schwierigkeiten auf anderen Gebieten, häufig beim Lesen besonders hervortun. Das Lesen von Texten ist eine wunderbare Möglichkeit, Kindern mit Down-Syndrom das Sprechen und Sprache zu lehren und ihre kognitive Entwicklung zu unterstützen. In Verbindung mit Schreiben kann durch das Lesen die Kommunikationsfähigkeit erheblich unterstützt werden. Bessere Kommunikationsmöglichkeiten sorgen für größere Selbständigkeit und bessere schulische Erfolge. Wir ermutigen alle Lehrer dazu, dem Lesen aufgeschlossen und offen gegenüberzustehen und sich über die Erfolge ihrer Schüler zu freuen. Vermeiden sie im Interesse der Schüler »dogmatische« Sichtweisen.

Schreiben

Die feinmotorische Fertigkeiten der Hand, die Sprechfähigkeit und die Fähigkeit sich eine Reihe von Informationen zu merken, sind zusammen Voraussetzung für das Schreiben und tragen aber auch alle zu den spezifischen Schwierigkeiten, die Kinder mit Down-Syndrom haben, bei. Einschränkungen der Feinmotorik können durch die Nutzung einer Tastatur überwunden werden. Es gibt (in Englisch, d.Übersetz.) auch Software mit Tastaturschablonen, die mit ganzen Wörtern belegt sind.

Wenn für ein Kind durch solche Hilfsmittel oder indem jemand anders für es schreibt oder Wortkarten verwendet werden die Aufgabe des Buchstabierens und der Feinmotorik wegfällt, kann es seine ganze Aufmerksamkeit der schwierigen Aufgabe, Worte zusammenzusetzen und Sätze zu bilden, widmen.

Später kann man, wenn diese Stufe erst einmal erreicht ist, das Buchstabieren und das Mit-der-Hand-schreiben wieder in das Programm aufnehmen.

Verfassen, Kopieren und Erinnern

Die Schreibfähigkeit von Kindern kann verbessert werden, indem man sie ganze Sätze unter Aufsicht verfassen und selbst korrigieren lässt und diese Sätze anschließend mit ihnen wiederholt. Die Sätze können nochmals gelesen, teilweise abgedeckt und dazu genutzt werden, den Kindern quasi visuell und verbal zu soufflieren. Das Abschreiben der Sätze ist in bestimmten Phasen der Entwicklung nützlich. Meistens brauchen die Kinder jedoch auch Hilfe, um diese erste Phase zu überwinden. Bekommen sie konstant Hilfen dieser Art, werden sie sich darauf verlassen und ihre eigenen Fertigkeiten nicht verbessern. Gedächtnisspiele zu spielen, in denen jedes Wort eines Satzes in der richtigen Reihenfolge gemerkt werden muss, hilft Kindern auch, die Worte in der richtigen Reihenfolge zu schreiben.

Schreiben mit Hilfe des Computers

Ähnliche Strategien wie oben beschrieben, kann man auch wenn man mit einem Computers arbeitet, anwenden. Ein gutes Beispiel eines solchen Programmes, das Kinder dazu anregt Sätze zu bilden, ist *BBC Write* vom Ace Center. Kinder wählen einen Satz aus, den der Helfer für sie eingibt. Sie können danach selbst versuchen, den Satz vom Bildschirm abzuschreiben oder ihn aufzuschreiben, ohne dass der Satz noch auf dem Bildschirm zu sehen ist. Machen die Kinder beim Eingeben von Buchstaben oder Worten Fehler, erscheint ein Stichwort, dass sie dazu aufmuntert das Strukturieren von Sätzen zu wiederholen und zu üben. Dieses Programm kann vielfältig variiert werden, um es an die spezifischen, individuellen Bedürfnisse der Kinder anzupassen.

Anmerkung des Übersetzers: Auch im Deutschen gibt es eine ganze Reihe von Lernprogrammen. Welches sinnvoll nutzbar ist, kann nur individuell entschieden werden. Viele gängige Lernprogramme neigen dazu, visuell aufwendig zu sein. Das soll dazu dienen, die Kinder zu motivieren. Für Kinder mit Lernschwierigkeiten ist das häufig kontraproduktiv: Zu viele Reize lenken vom eigentlichen Lerninhalt ab! Trotzdem ist der Computer ein gutes und oft sehr motivierendes Hilfsmittel!

Es gibt viele verschiedene Lernprogramme für Computer. Möglicherweise kann ihnen ein Selbsthilfeverein in der Gegend oder das Deutsche Down-Syndrom InfoCenter (Adressen im Anhang) weiterhelfen.

Die Lehrer, die ihnen die besten, auf das Schreiben bezogene Ratschläge geben können, sind diejenigen, die mit körperlich behinderten oder Kindern mit Dyslexie arbeiten. Bei Treffen mit Experten auf diesen Gebieten, sollten sie sich auf die Bedürfnisse »ihrer« Kinder mit Down-Syndrom in Bezug auf deren spezielle Schreibprobleme konzentrieren. Viele Fachleute sind damit nicht vertraut. Deshalb kann es vorkommen, dass sie nicht über das Ausmaß der Möglichkeiten solcher Kinder Bescheid wissen und sie aus Unkenntnis der Situation nicht mit allen nötigen Informationen versorgen.

Es gibt Computer-Programme, die können Sprache synthetisieren, wenn Computer mit der entsprechenden Hardware ausgerüstet ist (Soundkarte). Das ist ideal um die Fähigkeiten zu lesen, zu schreiben und zu sprechen zu entwickeln. Mittlerweile ist die notwendige Software nicht mehr allzu teuer, die Hardware gehört heutzutage sozusagen zum Standard.

Selbst übliche Textverarbeitungssysteme haben nützliche Funktionen. Zum Beispiel können sie die Rechtschreibung überprüfen, alternative Schreibweisen vorschlagen oder dem Schüler eine Palette von Worten, aus denen er auswählen kann, anbieten. Solche Programme können den Text unterschiedlich groß darstellen, sie können Bilder und Text kombinieren und einige bieten sogar Hilfe zum Strukturieren von Sätzen und dem richtigen Gebrauch grammatikalischer Konstruktionen an.

Viele Kinder haben während der Schulzeit Zugang zu Textverarbeitungssystemen und einige haben sogar einen eigenen Rechner. Einige wenige haben Laptops, die man von einer Unterichtsstunde zur anderen mitnehmen kann, was vor allem für größere Kinder herkömmlichen Computersystemen vorzuziehen ist. Wir hoffen, dass Computer in der Schule in immer höherem Maße bereit gestellt werden und raten Lehrern und Eltern, auf dem neuesten Stand zu bleiben und, wenn angebracht, eine ausreichende Ausstattung mit technisch hochwertigen Computern zu fordern.

Buchstabieren

Es gibt viele Arten, Kindern mit Down-Syndrom zu helfen, das Buchstabieren zu lernen. Jede einzelne dieser Methoden wird auch für das Unterrichten anderer Kinder angewandt. Sonderpädagogen kennen viele nützliche Techniken, die von Lehrern im Unterricht umgesetzt werden können, angefangen bei Spielen und Aktivitäten, die die Kinder ermutigen sollen, sich die Reihenfolge von Buchstaben in einem Wort zu merken. Mitchell und Orrell (1993) haben viele interessante Ideen, um Kinder zu motivieren, sich die Schreibweise von Worten zu merken und zum phonetischen Buchstabieren weiterzugehen, ausgearbeitet. *Spelling Ideas for Busy Teachers* heißt ihr Arbeitsbuch.

Buchstabieren und Handschrift können gleichzeitig gelernt werden, obgleich es sehr wahrscheinlich ist, dass Kinder mit stark gestörter Handschrifttechnik früher in der Lage sind zu buchstabieren als zu schreiben. In diesem Fall können auf Papier oder Karton geschriebene Buchstaben und die Nutzung eines Computers die Fähigkeit zu buchstabieren weiter unterstützten. Kinder mit Down-Syndrom können zwar aufgrund ihrer visuellen Fertigkeiten beim Buchstabieren gute Erfolge erzielen, haben aber später Schwierigkeiten phonetisch zu buchstabieren, weil es dazu nötig ist, das, was sie akustisch wahrnehmen, differenzieren zu können. Angesichts der Sprachverzögerung und der Schwierigkeiten in Phonologie und Artikulation sind Abweichungen vom normalen Ablauf des Buchstabierenlernens zu erwarten. Trotz allem können sie auch hier Fortschritte erzielen.

Buchstabieren im Anfangsstadium

Die grundlegende Technik von Betrachten, Lernen, Abdecken, Schreiben und Überprüfen sollte hier angewandt werden. Um die Aufgabe interessanter zu gestalten, kann man spezielle Schablonen zum Zeigen und Zudecken der Wörter erstellen, zum Beispiel könnte man den Lieblings-Superhelden des Kindes als

Schablone verwenden oder irgend etwas anderes, was die Motivation steigern hilft.

Die Merkspiele, die bereits beschrieben wurden, helfen Kindern das (leise oder laute) Wiederholen dessen, was sie sich merken sollen, einzuüben, damit sie in der Lage sind, sich an die Reihenfolge der Buchstaben zu erinnern. Dazu gehören auch Buchstabiertests in der Klasse, auch wenn die einzelnen Kinder unterschiedliche Worte lernen.

Andere Methoden, die dabei helfen sollen, sich zu erinnern sind, jeden einzelnen Buchstaben eines Wortes zu wiederholen und ihn mit dem Finger auf den Tisch zu »schreiben«. Jeder einzelne Buchstabe kann laut in Folge gelesen werden, um Kindern zu lehren, Worte in Segmente aufzuteilen und sie so aufzufordern, von jedem Wort quasi ein »Foto« in ihrem Kopf zu machen und es sich bildlich vorzustellen.

Eselsbrücken wie Bilder, Symbole und Merkmale können Kindern helfen sich die verschiedene Laute und Namen von Buchstaben zu merken. Computer sind gut um groß- und kleingeschriebene Buchstaben, die Namen von Buchstaben und ihre Aussprache zu lernen. Um einzelne Buchstaben zu lernen, kann man sie wiederum auf Karton malen und die Kinder sie zu den gleichen oder den groß- bzw. kleingeschriebenen Buchstaben zuordnen lassen. Eine weitere Möglichkeit ist, ihnen ganze Worte vorzulegen, aus denen sie bestimmte Buchstaben heraussuchen und zuordnen müssen.

Buchstabieren Kinder ein Wort immer wieder falsch, kehren sie zu Wortzuordnungen zurück, indem sie die Kinder die richtige von der falschen Version in einer Zuordnungsaufgabe unterscheiden lassen. Beziehen sie die Kinder mit Down-Syndrom in Buchstabiertests mit ein, selbst wenn sie nur ein paar Worte lernen und geben sie ihnen immer wieder Hausaufgaben auf. Je öfter die Kinder die richtige Schreibweise eines Wortes betrachten, desto wahrscheinlicher ist es, dass sie es sich merken, obgleich sie schnellere Fortschritte machen werden, wenn sie die Reihenfolge der Buchstaben wiederholen und sie betrachten.

Buchstabieren im Fortgeschrittenenstadium

Verbessert sich das Lesen, beginnen Kinder, Laute mit Buchstabenketten oder anderen Regelmäßigkeiten zu assoziieren. Helfen sie ihnen, indem sie die Aufmerksamkeit der Kinder beim Lesen auf bestimmte Endungen wie »-ung«, »-tion« etc., auf Silben oder Reime lenken. Legen sie Wörterbücher an, die die bereits gelernten Worte beinhalten und stellen sie Listen des sich individuell entwickelnden Buchstabiervokabulars des Kindes auf. Das Fingeralphabet hilft manchen Kindern, sich die Buchstaben und Buchstabenmuster leichter zu merken. Darüber hinaus kann das Lernen des Fingeralphabets ein lustiges Spiel innerhalb einer Gruppe von Kindern sein.

Handschrift

Das Schreiben mit der Hand bereitet den meisten Kindern mit Down-Syndrom große Schwierigkeiten. Sie sind auf verschiedene Weise beeinträchtigt, wobei die größte Schwierigkeit in Zusammenhang mit der motorischen Entwicklung steht. Diese Schwierigkeit stellt sie auf die gleiche Stufe mit anderen Kindern, die Koordinationsschwierigkeiten haben und die Behandlung sollte, zumindest in den meisten Fällen, ähnlich erfolgen.

Einige Kinder mit Down-Syndrom sind vielleicht nicht in der Lage Schreiben zu lernen, weil sie nicht lesen und buchstabieren oder sich nur sehr bedingt Bilder und Worte vorstellen können. Deshalb kommt es zu Schwierigkeiten, Worte richtig zu reproduzieren. Es sei jedoch betont, dass dies unserer Erfahrung nach eher selten der Fall ist. Viele Anfragen, die uns, Hilfe und Ratschläge die Handschrift betreffend, erreichen, kommen von frustrierten Lehrern, deren Schüler zwar in Englisch gute Fortschritte machen, aber deren Schreibfertigkeit nicht das gleiche Niveau wie die anderen Fertigkeiten erreicht und die auf das Niederschreiben von kurzen Notizen beschränkt bzw. auf fremde Hilfe angewiesen sind.

Wird mit Kindern aber hinreichend geübt, sind die Aussichten, die Fähigkeit zum Schreiben per Hand zu entwickeln, gut. Dazu müssen sie jedoch, wie bei allen motorischen Fertigkeiten, viel üben, um Fortschritte zu machen. Einigermaßen befriedigende Ergebnisse können aber auch ziemlich spät (im Alter von 8, 9, 10 Jahren oder älter) noch erreicht werden, vorausgesetzt es gelingt, die Kinder zum Üben und Weitermachen zu bewegen. Dahin gehend beständig zu motivieren kann eine schwierige Aufgabe sein, weil das Schreiben für Kinder mit Down-Syndrom extrem schwierig ist und sie häufig von klein auf mit Schreibproblemen konfrontiert werden. Wenn sie als Lehrer möglichst jede Aufgabe für die Kinder lösbar gestalten, jede ihrer Anstrengungen loben und täglich mit ihnen üben, helfen sie ihnen sehr. Geben sie sich Mühe, Aktivitäten mit Stift und Papier für die Kinder angenehm zu gestalten und versuchen sie, auf anderen kreativen Gebieten, vor allem, wo auf Papier gearbeitet wird, das Vertrauen der Kinder zu gewinnen und somit ihre Ängste zu kompensieren. Vergleichen sie nicht mit anderen Kindern, die sich auf anderen Gebieten auf ein und dem selben kognitiven Level befinden, denn die Entwicklung spezifischer motorischer Fertigkeiten folgt ihrem eigenen Weg. Der einzige Weg, den Fortschritt zu beschleunigen, ist stete Übung. Einige Kinder kommen auf ihrem Weg sehr gleichmäßig voran, andere erreichen irgendwann einen Punkt, den sie ohne therapeutische Hilfe nicht überwinden können. Aber sie können ihn meistens überwinden!

Therapeuten oder speziell ausgebildete Lehrer sind auf diesem Gebiet der Entwicklung am erfahrensten. Schulen können von ihnen Ratschläge und Hilfestellungen erhalten und viele Schüler werden zusätzlich Therapien bekommen. Um die beste Hilfestellung zu kriegen, fragen sie nach, wie die Schreibschwierigkeiten von physisch behinderten Kindern angegangen werden und ob sie Rat von einem Spezialisten in diesem Bereich erhalten können.

Um schreiben zu können, müssen sich Kinder an die Buchstaben, die sie produzieren sollen, erinnern und die nötigen Bewegungen, um den Buchstaben aufschreiben zu können, so gut eingeübt haben, dass sie ihn beinahe automatisch niederschreiben können. Bildhafte Vorstellungen von der Form der Buchstaben müssen entwickelt werden, wobei gut ausgebildete motorische Fähigkeiten hilfreich sind. Die Handschrift sollte sowohl mit Hilfe multisensorischer Methoden geübt werden als auch, ganz herkömmlich, mit Stift und Papier. Regen sie das Aufschreiben von Buchstaben in einer Reihe von Medien an, wie zum Beispiel in Sand, Reis, Farbe und auch in der Luft – selbst ein widerwilliger Schreiber wird an einem dieser Medien Spaß finden. Eine weitere Möglichkeit ist, verschiedene Stifte, Bleistifte, Farbstifte, dick und dünn schreibende Stifte, Kreide und Wachsmalstifte von Anfang an einzuführen. Die Kinder können für ihre »formellen« Schreibübungen einen herkömmlichen Stift verwenden, sollten aber den Umgang mit den verschiedenen Medien erfahren und üben. Stifte mit Pinselspitze, die, ohne dass man stark aufdrücken muss, schreiben, sind gerade am Anfang gut, um die Kinder zu motivieren. Sie sollten jedoch versuchen, die Kraft in den Fingern der Kinder mit angemessenen Übungen zu steigern.

Haben sich erst einmal fehlerhafte Angewohnheiten, Buchstaben zu schreiben, bei Kindern mit Down-Syndrom festgesetzt, ist es sehr schwierig, diese zu korrigieren. Deshalb sollten sie von Anfang an viel Wert darauf legen, dass die Vorlage, nach der die Kinder lernen, immer exakt abgeschrieben wird und nur in der Größe, nicht aber in der Form variiert. Es hilft den Kindern, große Muster und Buchstaben zu schreiben, sodass die Schreibweise »fließen« kann. Haben die Kinder zufriedenstellende Fertigkeiten entwickelt, kann die Schriftgröße reduziert werden, wenn nötig mit Hilfe von Zeilen und Kästchen die Anhaltspunkte liefern. Das verbale Wiederholen beim Schreiben jedes Buchstabens, wird Kindern beim Schreiben bzw. Abschreiben helfen. Jede Bemühung, die die Kinder an den Tag legen, sollte gelobt werden, aber sie sollten mit dem Fortschritt auch die Ansprüche an die Kinder steigern.

Einige Kinder mit Down-Syndrom haben eine extreme Hand- und Fingerschwäche. Ist das der Fall, sollten sie unbedingt einen Experten konsultieren. Die Fingergelenke, Knöchel und Handgelenke könnten so unflexibel sein, dass das Schreiben mit allem anderen als einem Stift mit Pinselspitze (einem Filzstift o.ä.) sehr schwierig sein könnte. Selbst wenn das Kind in Behandlung ist, kann es sein, dass sich dieser Zustand nur leicht bessert. Benutzen sie deshalb Schreibmaterialien, die es Kindern ermöglichen, Erfolge zu sehen und halten sie sich an die Ratschläge des Therapeuten.

Die Unterrichtsaktivitäten beginnen gewöhnlich damit, gerade Linien und dann Muster zu zeichnen. Darauf folgt die Einführung von einzelnen Buchstaben, wobei deren Linien nachgemalt werden. Die

Buchstaben werden von Vorlagen kopiert, vom Lehrer vorgesagt oder durch das Verbinden von vorgegebenen Punkten nachgezeichnet. Schritt für Schritt kommen die Kinder voran und sind schließlich in der Lage, Buchstaben aus dem Gedächtnis aufzuschreiben.

Fruit
banana
orange
apple

food
crisps
chesses
bard
eggs
hamburger
ham
fish
sand
salad
apple June
orange June
ice cram
chips

by Alistair short
Age 9

Einkaufsliste von Alistair, neun Jahre alt

Haben die Kinder die Phase erreicht, in der sie bereits in der Lage sind, diktierte Buchstaben zu schreiben oder Worte abschreiben zu können, beziehen sie Merkspiele in den Unterricht mit ein, bei denen sich die Kinder ein oder zwei Buchstaben, die sie gerade erst gesehen oder gehört haben, merken müssen. Diese Übung wird es ihnen erleichtern, zum eigenständigen Schreiben überzugehen. Es ist wichtig dies zu unterstützen, denn ansonsten kann es schwierig werden, die Phase, in der die Kinder erwarten, eine Vorlage vorgesetzt zu bekommen oder die Buchstaben vorgesagt zu bekommen, zu überwinden. Buchstabieren und Lesen sind Fertigkeiten, die parallel zum Schreibenlernen entwickelt werden sollten.

30th. Nov

Christmas story
I am the shepherd

One very cold night I was
looking after my sheep.
My friends told me about
a special baby that had
just been born. Some of the
shepherds wer fast asleep.
I woke them up and told them
all about the baby. An
angel said you must go to
Bethlehem and find the
baby. He will be wrapped
in a warm cloth and lying
in a manger. I found the baby
Jesus and it made me feel
very happy.

Weihnachtsgeschichte von Alistair, vier Monate später

Viele Kinder, die Förderschulen besuchen, lernen heute Schreibschrift zu schreiben. Wir empfehlen, dass Kinder mit Down-Syndrom mit den gleichen Methoden wie ihre Schulkameraden unterrichtet werden, denn es sind uns viele Kinder bekannt, die die Schreibschrift mit nicht größeren Schwierigkeiten als jede andere gelernt haben. Die Kinder lernen verschieden große Schriften zu lesen und erkennen groß und klein geschriebene Versionen von Buchstaben. Deshalb sollte es eigentlich kein Problem sein, zu lernen, dass gedruckter Text anders als handgeschriebener aussieht, vor allem dann, wenn ihnen die Schreibschrift ausführlich erklärt wird. Von einer erlernten Handschrift zu einer anderen zu wechseln, ist eine schwierigere Sache, die von individuellen Unterschieden und Fähigkeiten, die ein Kind bereits entwickelt hat, abhängen wird.

Handschrift lehren

Kinder in Hampshire profitieren von einem Programm, das sich auf die Ideen von James Russell stützt und von Karen Dyson, einer Beschäftigungstherapeutin, die auf Kinder spezialisiert ist, ins Leben gerufen wurde. Lois Marshall verbreitete es in den Schulen von Hampshire. Dieses Programm basiert auf physischen Bewegungen, die sowohl die Grob- als auch die Feinmotorik der Kinder fördern, Ausgeglichenheit bewirken und Übungen zum Stärken der Hände, der Verbesserung von Rhythmus und Körpergefühl und der Sensibilisierung der Wahrnehmungsfähigkeiten beinhalten. Zunächst war es als ein sechswöchiges Programm mit einer Stunde pro Woche gedacht, wurde aber mit der Zeit zu einem festen Teil des Schulalltages. Einige Auszüge dieses Programms wollen wir ihnen auf den nächsten Seiten zeigen. Das Material ist über Lois Marshall, die Beratungslehrerin für körperlich behinderte Kinder ist, zu bekommen.

Nachfahren von Linien

Anfangs sollte man gerade Linien benutzen: Im folgenden Beispiel (»Maus ins Haus«) soll eine gerade Linie gezogen werden, die zwischen den vorgegebenen Linien (der »Straße«) bleiben soll:

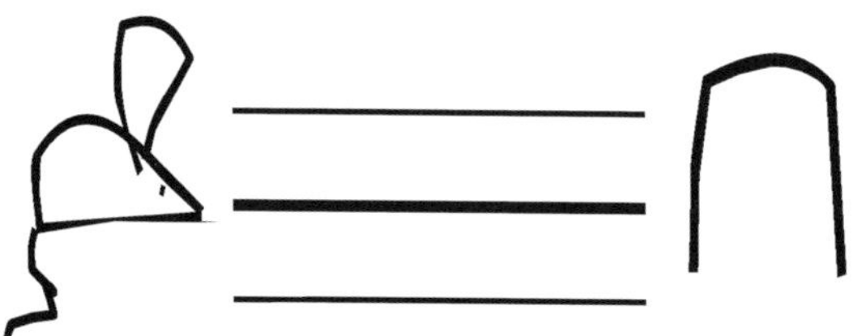

Reduzieren sie mit der Zeit den Abstand zwischen den Linien und führen sie dann Kurven und Zick-Zack-Strecken ein.

Für diese Art der Übung gibt es viele verschiedene Arbeitsmaterialien aus dem »normalen« Schul- und Vorschulbereich.

Muster

Einige Beispiele:

Sie können die Arbeit mit Mustern variieren:

1. Mit Kreide auf die Tafel oder auf schwarzes an die Wand geheftetes Papier malen.
2. Mit Wachsmalkreiden auf große Flächen weißen Papiers, das sie auf den Boden aufkleben, malen.
3. Mit einem Stock in den Sand malen.
4. Füllen sie leere Flaschen mit Wasser und »schreiben« sie auf schwarzem Asphalt.
5. Malen sie mit Fingerfarben.

Alle Muster sollten groß aufgemalt werden und die Kinder sollten, während sie schreiben, was sie gerade tun in Worte fassen, also zum Beispiel »hoch«, »runter« und »rund« sagen.

Buchstaben

Bei Buchstaben, die ganz besondere Probleme bereiten oder deren Form als sehr schwierig erachtet wird, malen sie den Buchstaben ganz groß mit Kreide auf den Boden oder kleben sie ihn, aus Zeitungspapier ausgeschnitten oder auf irgendeine andere Weise gestaltet auf den Boden. Fordern sie das Kind auf, den Buchstaben abzulaufen bzw. auf einem oder zwei Beinen abzuhüpfen.

Formen

Formen die Richtungsänderungen beinhalten, sind ebenfalls gut geeignet sie abzulaufen oder zu hüpfen.

Verschiedene Formen-Beispiele

Schwäche von Fingern und Handgelenken

Einige Schüler mit Down-Syndrom haben beim Schreiben aufgrund ihrer schwachen Handgelenke oder Finger große Schwierigkeiten. Spezielle Übungen um die Kraft der Handgelenke, der Hände und die Geschicklichkeit zu verbessern, helfen den Kindern beim Schreiben. Eine gute Idee wäre es, eine leere Schuhschachtel zum »Gymnastikraum« für Finger und Hände umzugestalten, indem man interessante Sachen hineinlegt, mit denen die Kinder täglich drei bis fünf Minuten arbeiten sollten. Mehr Spaß macht es vielleicht, wenn die Kinder ihre eigene Box gestalten dürfen. Nützliche Gegenstände, die in eine solche Box gehören und die die Hand- und Fingerkräfte der Kinder stärken, wobei vor allem Wert auf Übungen für Daumen und Zeigefinger gelegt werden sollte, sind zum Beispiel:

Ein kleiner formbarer Ball, der nicht sofort wieder seine Ausgangsform annimmt, wenn man ihn drückt und den Kindern somit erlaubt, die Sekunden zu zählen bis er wieder in seiner Ausgangsform ist, oder ...

- ein Schaumstoffball,
- weiche Früchte und Gemüse,
- ein drückbares Plastiktier jeglicher Art,
- Papierklammern,
- Gummitiere, die man zusammenpressen muss, damit sie springen,
- Legobausteine,
- Spielsachen, die man auseinandernehmen und wieder zusammenbauen kann,
- Wasserpistolen,
- Jo-Jos,
- Tiere, die quietschen, wenn man sie zusammendrückt

Die meisten dieser Artikel können in Spielzeugläden erworben werden.

Aktivitäten, wie Zeitungspapier oder Alufolie zu Bällen zu formen, mit Wäscheklammern zu spielen, anfangs mit Plastikklammern, später mit Holzklammern, Papierkügelchen mit den Fingern zu schnipsen oder kleine Gegenstände, von Bohnen bis hin zu Linsen aufzuheben, helfen den Kindern.

Koordination

Übungen, die die allgemeine Koordination der Kinder verbessern sollen, wie Übungen für Gleichgewicht, Körperempfinden, räumliches Bewusstsein, Rhythmus, links und rechts,

Richtungs- und Hand-Auge-Koordination, haben in der Vergangenheit dazu beigetragen die Schreibfähigkeiten der Kinder, die Schwierigkeiten hatten, zu verbessern.

Richtlinien beim Schreibenlernen

(zusammengefasst von Lois Marshall)

Sitzposition

Idealer Weise sollten Kinder auf einem Stuhl sitzen, der es ihnen erlaubt die Füße flach auf den Boden zu stellen. Die Oberschenkel sollten möglichst im rechten Winkel zu den Füßen stehen und die Unterarme sollten ebenfalls im rechten Winkel bequem auf dem passend eingestellten Tisch ruhen. Der Kopf sollte ungefähr im Abstand von 30 bis 40 Zentimetern vom Blatt gehalten werden.

Die Lage des Papiers

Das Papier sollte auf der gleichen Seite des Körpers liegen, wie die Hand mit der geschrieben wird. Das untere Ende des Blattes sollte etwas schräg liegen, wobei der untere Punkt des Blattes ungefähr auf Höhe der Körpermitte des Kindes sein sollte.

Das Halten des Stiftes

Die Dreifingerhaltung, Daumen, Zeige- und Mittelfinger, sollte gefördert werden. Um den Kindern bei der Positionierung der Finger zu helfen, könnten sie spezielle Stifte kaufen, bei denen der Bereich, in dem der Stift gehalten werden sollte, hervorgehoben ist, sei es farblich oder durch andersartiges Material.

Ältere Schüler könnten Schwierigkeiten haben, ihren bevorzugten Schreibgriff zu wechseln, sollten aber dazu ermutigt werden, mit verschiedenen, anderen Griffen zu experimentieren. Eine schlechte Stifthaltung kann Schmerzen verursachen, die Kinder vom schnellen, sicheren Schreiben abhalten und die Buchstaben übermäßig verzerren.

Stiftarten

Einige Schüler schreiben besser und/oder schneller, wenn sie einen Faserschreiber oder einen Rollerball-Stift verwenden. In jedem Fall sollten sie unterschiedliche Stiftarten ausprobieren.

Druck

Ist der Druck zu leicht, ist das Geschriebene schwierig zu lesen. Ist der Druck zu stark, wird die Hand bzw. der Unterarm schnell müde und verursacht möglicherweise Schmerzen. Wenn sie zwischen die Schreibblätter Karton legen, hilft das den Kindern, abzuschätzen, wie stark oder schwach sie aufdrücken. Übermäßiger Druck kann dadurch vermindert werden, dass der Stift etwas weiter oben gehalten wird.

Halten ihre Schüler den Stift zu verkrampft, sollten sie sie immer wieder auffordern die Hand auszuschütteln, um die Muskeln zu entspannen. Stifte, deren Fassung sehr glatt ist, sollten vermieden werden, da sie häufig sehr rutschig sind und deshalb zu einem zu festen Griff verleiten.

Verspannungen

Einige Schüler sind sehr verspannt wenn sie schreiben. Fordern sie sie dazu auf:

- Mit geradem Rücken zu sitzen.
- Die Hände und Arme zu entspannen (Hände ausschütteln etc.).
- Die Beine nicht überzuschlagen.
- Die gekrümmten Schultern zu entspannen.
- Einige Male tief ein- und auszuatmen.

Flüssiges Schreiben

Für den Fall, dass die Kinder Schwierigkeiten mit dem fließenden Schreiben haben, können Schreibübungen und Muster (Linien, Schwingübungen etc.) trainiert werden. Diese Übungen sollten die Länge eines Wortes haben. Schreibübungen können Kindern helfen, sich zu entkrampfen und lockerer zu werden. Einigen Kindern hilft man noch mehr, wenn sie auf einer weichen und glatten Unterlage arbeiten können, auf der es leichter fällt, flüssig zu schreiben.

Schreibtischunterlage

Rauhe Tische können durch das Papier gefühlt werden und machen das Schreiben oft holprig. Plastikunterlagen andererseits sind oft zu hart. Stellen sie sicher, dass die Schüler auf einer Schreibunterlage schreiben oder zumindest etwas unter dem Papier liegt, das leicht nachgibt.

Platz zum Schreiben

Stellen sie sicher, dass die Kinder genug Platz zum Schreiben haben und nicht zu gedrängt sitzen. Ein Rechtshänder braucht auf der rechten Seite Platz, ein Linkshänder natürlich auf der linken.

Text schreiben

Können Kinder mit motorischen und räumlichen Schreibschwierigkeiten Blatt und Arm etwas schräg halten, kann ihnen das häufig helfen.

Hinweise für Linkshänder

Es gibt keinerlei Gründe warum Linkshänder nicht gut schreiben können sollten. Die folgenden Hinweise könnten nützlich für sie sein.

Linkshänder müssen das Papier links von ihrer Körpermitte in einem Winkel von ca. 30 Grad legen, sodass sie sehen können, was sie schreiben, wobei ihr linker Arm parallel zum Blatt liegen sollte. Liegt das Blatt nicht richtig, kann das zu einer verkrümmten Griffhaltung führen. Passen sie auf, dass Linkshänder genügend Bewegungsfreiheit beim Schreiben haben. Linkshänder sollten nicht zur Rechten von Rechtshändern sitzen, weil ihre Arme sonst zusammenstoßen und sich behindern.

Das Blatt sollte immer in der Mitte oder am rechten Rand mit der Hand festgehalten werden, allerdings nicht direkt unterhalb der beschriebenen Zeile, da dies die Schrift undeutlich machen könnte. Um zu sehen was sie schreiben und zu vermeiden, dass verwischt und gekleckst wird, sollte der Stift ca. drei Zentimeter oberhalb der Spitze gefasst werden. Damit sich die Kinder diese Position merken, kann man anfangs an dieser Stelle ein buntes Klebeband um den Stift kleben.

Linkshänder sollten einen Stift auswählen, der leicht über das Papier gleitet, denn sie neigen dazu, den Stift zu schieben und nicht wie Rechtshänder zu ziehen. Ein weicher Bleistift, ein Faserstift oder Rollerball-Stift werden hilfreich sein. Einige Linkshänder profitieren davon, auf einem höheren Stuhl zu sitzen, da es den Schülern hilft, über ihre eigene Hand beim Schreiben zu sehen und somit lesen zu können, was sie schreiben.

Wichtig ist es, zu beachten, dass die Lichtquelle von der rechten Seite der Schüler kommt, da sie ansonsten im Schatten ihrer eigenen Hände arbeiten müssten. Es gibt auch spezielle Hersteller von Artikeln für Linkshänder (Scheren, Stifte usw.) – die meisten Schreibwarenhändler werden ihnen diese Dinge besorgen können.

Möglichkeiten die helfen, häufig verdrehte Buchstaben und Zahlen zu lernen

Malen sie Buchstaben, die die Kinder häufig umdrehen oder verdrehen, in die Luft. Geben sie, wenn nötig, den Kindern eine Vorlage auf einem zweiten Blatt. Malen sie die Buchstaben und Zahlen mit Kreide auf den Boden und lassen sie die Kinder ihre Form ablaufen oder hüpfen.

»Buchstabe auf meinem Rücken« ist ein Spiel der multisensorischen Wahrnehmung. Ein Kind steht mit dem Gesicht zur Tafel, während der Lehrer mit dem Finger einen bestimmten Buchstaben oder eine Zahl auf den Rücken des Kindes schreibt. Die Kinder fühlen den Buchstaben und müssen dann zur Tafel gehen und ihn aufschreiben.

Gestalten sie unterschiedliche Ausführungen der Buchstaben und Zahlen, die die Kinder verwechseln. Legen sie einige von ihnen richtig, andere verdreht auf den Tisch. Bitten sie nun die Kinder, alle Buchstaben richtig herum hinzulegen. Haben sie diese Aufgabe erfolgreich beendet, lassen sie sie die Buchstaben auf einem Blatt Papier mit dem Stift umfahren.

Zeichnen sie Buchstaben oder Zahlen groß auf ein dickes Blatt Papier oder auf Karton. Die Kinder malen dann jeden Buchstaben mit Kleber nach und könnten dann beispielsweise andrücken.

Benutzen sie Piktogramme, um den Kindern zu helfen zwischen b/d, p/q etc. zu unterscheiden.

Überlegen sie sich optische Hilfen, damit sich die Kinder an den Unterschied erinnern können: Man kann sich Worte überlegen, in denen die Buchtsaben vorkommen, die man mit einem passenden Bildchen ausschmückt, um der Erinnerung auf die Sprünge zu helfen (Das »P« von Papa wird zum Gesicht mit Schlips, aus »bad« im Wort »baden« wird das Woschbecken, während ein Strichmännchen hinten auf dem »en« steht – mit ein wenig Kreativität fällt einem da rasch etwas ein)

Kleben sie vergrößerte Buchstaben in eine Ecke der Schulbank oder heften sie sie an die Pinwand, sodass das Kind die richtige Form immer vor Augen hat.

Ein Beispiel für die Fortschritte eines Kindes

Im Alter von acht Jahren wechselte Philip (der das Down-Syndrom hat) von einer Förderschule für Kinder mit schweren Lernstörungen auf eine Regelschule. Dort konnte er mit Hilfe eines Betreuers an einem Schreibprogramm teilnehmen, das ein Beschäftigungstherapeut erstellt hatte. Auf der folgenden Seite kann man seine Fortschritte anhand der beiden Schriftstücke deutlich sehen.

Computer

Das Arbeiten mit Hilfe eines Computers ist für viele Kinder die beste Lösung. Wir empfehlen, früh mit der Arbeit am Computer zu beginnen, um Fertigkeiten im Schreiben zu entwickeln oder Schwierigkeiten zu kompensieren. Wir fordern sie aber trotz Allem dazu auf, die Handschrift zu fördern und zu üben, da ein Computer nicht die gleiche Flexibilität und Unabhängigkeit bieten kann wie eine gute Handschrift. Kann ein Kind mit Down-Syndrom beispielsweise nicht so deutlich und klar sprechen, dass es von jedermann verstanden wird, ist das Schreiben eine wertvolle Unterstützung für die Kommunikation mit anderen.

Philips Handschrift mit 7 Jahren
(oben mit Unterstützung, unten ganz alleine)

My Mum

I like my mum she is short. She has light brown hair with blve eyes and wears glasses. she always smells nice. my mum cooks dinners lovely.

Philips Handschrift mit 9 Jahren auf der *Stakes Hill First School* in Waterlooville

Mathematik

Einführung

Die Leistungen von Kindern mit Down-Syndrom in Mathematik sind sehr unterschiedlich, aber die Mehrzahl der Kinder hat auf diesem Gebiet Schwierigkeiten. Forschungen haben gezeigt, dass es bei einem guten Unterricht keine Grenze gibt, die die Kinder nicht überschreiten könnten (Irwin, 1988) und dass die

Entwicklung im mathematischen Denken den gleichen Stadien wie bei anderen Kindern folgt (Caycho/ Gunn/ Siegal, 1991). »Typische« Kinder mit Down-Syndrom verbringen gewöhnlich ihr erstes Schuljahr in der Grundschule damit, auf die ersten Leistungsziele der einzelnen Fächer hinzuarbeiten. Es ist eine ganz besondere Leistung, am Ende der Grundschuljahre die Qualifikation für eine weiterführende Schule zu erreichen.

Die begrenzte Forschungsarbeit über die Leistungen von Kindern im Fach Mathematik wird in diesem Kapitel beschrieben. Es ist bisher wenig darüber bekannt, wie man Kindern mit Down-Syndrom in Mathematik am besten helfen kann, wo genau ihre Schwierigkeiten liegen und wie man diese am geschicktesten angeht.

Wir sind fest davon überzeugt, dass ein guter Mathematikunterricht mit speziellem Augenmerk auf mathematisches Vokabular und Präsentation mathematischer Konzepte den Kindern weiterhelfen kann. Kindern mit Down-Syndrom müssen Begriffe mit Hilfe praktischer und visueller Materialien nahe gebracht werden. Es ist unwahrscheinlich, dass sie mathematische Vorstellungen und Konzepte durch locker strukturierte Freiarbeit und erforschendes Lernen entwickeln, wie das bei vielen Kindern ohne Down-Syndrom zu beobachten ist. Bei Kindern mit Down-Syndrom kann es eher nötig sein, dass man ihnen immer wieder verbal erklärt, was sie gerade tun und warum sie es tun. Die Bestandteile jeder Lernphase müssen eventuell ganz explizit gelehrt werden (Case u.a., 1986) und die Kinder werden ausreichend viel Übung benötigen, um das Gelernte jeder Stufe zu verinnerlichen.

Auf die Probleme der einzelnen Schüler einzugehen, sollte sie nicht davon abhalten, gemeinsame Arbeiten anzuordnen und sogar Arbeitsblätter in der Klasse auszuteilen, vorausgesetzt die Kinder mit Down-Syndrom können auf bereits vorhandenes Wissen aufbauen und Hilfe bekommen, falls die Aufgaben zu schwierig für sie sind.

Das Beispiel von Alistair veranschaulicht dieses Prinzip. Alistair hat die lokale Regelschule, seit er fünf Jahre alt ist, besucht. Im Alter von neun Jahren war er in der Lage, im Zahlenraum bis 50 zu addieren, zu subtrahieren und weiterzuzählen. Er konnte eine Seite von Rechenaufgaben mit Zehnern und Einern ganz allein beenden und mit Bleistift, Papier und Abakus (ohne Abakus kam er nicht zurecht) arbeiten. Mit Hilfe seines Betreuers war er sogar in der Lage, die gleichen Arbeitsblätter wie der Rest der Klasse zu bearbeiten. Sein Betreuer sagte einmal:

Manchmal habe ich überlegt, was wir tun könnten, denn vieles woran die Klasse arbeitete, überstieg das Zahlenverständnis von Alistair. Aber er wollte das Gleiche wie die anderen machen, sodass ich ihm dabei geholfen habe. Das Arbeitsblatt von gestern zum Beispiel zeigte leere Kästchen und die Kinder mussten herausfinden, wieviel zu einer Zahl dazugezählt bzw. abgezogen werden musste, um das in einem anderen Kästchen stehende Ergebnis zu erhalten. Diese Aufgaben machten ihm unglaublich viel Spaß und einige konnte er sogar ganz alleine lösen, was mich wirklich sehr überrascht hat.

Kinder brauchen interessante Aufgaben, um mit Spaß an das Lernen heranzugehen. Manchmal kann der Versuch, den Kindern die Aufgaben interessanter zu gestalten, aber auch kontraproduktiv sein. Ein Beispiel dafür wäre, den Kindern Zahlen mit Hilfe von Geld beim Einkauf zu verdeutlichen. Während gelegentliche Ladenbesuche zwar nützlich und motivierend sein können, lenkt diese kleine »Exkursion« die Kinder aber schon im Klassenzimmer von der eigentlichen Aufgabe, nämlich der Arbeit mit Zahlen und Geld, ab. Einkaufsspiele und Aktivitäten sollten eher mit Arbeitsblättern und mit nachgespielten Einkäufen im Klassenzimmer abgehalten werden.

Forschungsergebnisse

Bisher gibt es nur eine geringe Anzahl von Veröffentlichungen, die sich mit der Entwicklung des Zahlenverständnisses von Kindern mit Down-Syndrom beschäftigt haben und es gibt unseres Wissens keine Studien, die über das Lernen in anderen Bereichen des Mathematiklehrplanes Untersuchungen angestellt haben.

Gelman und Cohen (1988) haben an kleinen Kindern mit und ohne Down-Syndrom neuartige Zählaufgaben getestet. Die Kinder waren nicht in der Lage in einer fortlaufenden Zahlenreihe zu zählen oder ein Zahlenfeld in Reihe zu ordnen, um zum Erfolg zu gelangen. Die beiden Forscher interpretierten die Schwierigkeiten, die die Kinder mit Down-Syndrom hatten, als Indiz dafür, dass sie Schwierigkeiten beim Anwenden und Verstehen der Grundlagen des Zählens hätten. Sie waren deshalb der Meinung, dass die Kinder nur durch assoziative Lernprozesse lernen könnten. Sie deuteten an, dass die mathematischen Schwierigkeiten den gleichen Ursprung wie die linguistischen haben, nämlich die Problematik ein symbolisches System zu meistern. Gelman und Cohen diskutierten auch die pädagogischen Auswirkungen ihrer Ergebnisse.

Anstatt die Kinder zu trainieren, in einer Wortsequenz zu zählen, nehmen die beiden Forscher an, dass es sinnvoller wäre, ihnen von klein auf beizubringen, das Zahlworte nur Namen sind, die Bedeutung erhalten, indem durch sie Zählprinzipien konstant angewandt und deutlich gemacht werden. Es ist also nicht nötig von einem bestimmten Ende der Reihe zum anderen zu zählen und beim Ergebnis macht es keinen Unterschied, welche Gegenstände gezählt werden.

Caycho, Gunn und Siegal (1991) kamen zu ermutigerenden Ergebnissen, als sie Kinder mit Down-Syndrom mit anderen Kindern, aufgrund ihres Abschneidens beim Picture-Peabody-Vokabeltest, verglichen. Sie fanden heraus, dass Kinder mit und ohne Down-Syndrom auf dem gleichen Entwicklungslevel ähnliche Fertigkeiten im Zählen hatten und die Zählprinzipien in gleichem Maße nutzten. Sie zeigten auf, dass ihr Geschick bei den meisten Zählaufgaben in Verbindung zu ihrem rezeptiven Sprachalter stand und nichts mit der Diagnose Down-Syndrom zu tun hatte und dass Kinder mit Down-Syndrom durchaus in der Lage sind, die Grundprinzipien des Zählens zu erlernen.

Man hat herausgefunden, dass zwischen dem auswendigen Zählen und der Fähigkeit, in einer Reihe aufgestellte Gegenstände zu zählen, ein Zusammenhang besteht. Irwin (1991) und McEvoy und McConkey (1991) haben aufgezeigt, dass, je weiter die Kinder auswendig zählen können, desto höher die Zahl der Gegenstände in einer Reihe ist, die sie richtig abzählen können. Dies zeigt jedoch nicht den Effekt von Ursache und Wirkung, sondern nur, das eines vom anderen abhängt.

Forschungen von Baroody (1986) belegen, dass Ergebnisse beim Zählen nicht vom IQ abhängen. Er untersuchte bei Kindern mit Lernstörungen, allerdings nicht ausschließlich Kinder mit Down-Syndrom, acht verschiedene Zahlenfähigkeiten und entdeckte, dass einige jüngere Kinder mit niedrigerem IQ besser abschnitten als ältere Kinder mit einem höheren IQ. Er schlussfolgerte daraus, dass weder der IQ noch die Diagnose Down-Syndrom für die pädagogische Planung herangenommen werden können und dass man sich bei Kindern mit Down-Syndrom eher auf die individuelle Einschätzung verlassen sollte. Baroodys und unsere eigene Arbeit führt uns also dahin, die Wichtigkeit des individuellen Unterrichtens des Zahlenvokabulars, des richtigen Aufzählens und der Verständlichkeit der Aufgabenstellung zu betonen.

Das Macquarie-Programm beinhaltet auch einen Lehrplan für Mathematik, bzw. das Zählen und die Erfassung des Zahlenraums z.B. von 1 bis 10, basierend auf der Arbeit von Gelman und Gallistel (1978). Die Autoren Thorley und Woods (1979), sowie Pieterse und Treloar (1981) listen die Lernziele – in ganz kleinen Schritten – genau auf; das sieht zum Beispiel so aus:

1.11 Freies Zählen von 1 bis 5
1.12 Zählen beweglicher Objekte (1-5)
1.13 Zählen unbeweglicher Objekte (1-5)
1.14 Zählen einer unsortierten Menge beweglicher Objekte (1-5)
1.15 Zählen einer unsortierten Menge unbeweglicher Objekte (1-5)
1.16 Freies Zählen bis zu einer gesprochen vorgegebenen Zahl (1-5)
1.17 Zählen und bestimmen einer Menge (1-5)
1.18 Zählen und Heraussuchen einer bestimmten Anzahl aus einer größeren Menge (1-5)

1979 berichteten Thorley und Woods, dass ein fünfjähriges Kind mit Hilfe dieses Programms alle 38 Lernziele erreichte und zwei Fünfjährige 30 und 23 Ziele erreichten, sodass sie in der Lage waren, reguläre Schulen zu besuchen. Die übrigen fünf Kinder im Alter von drei bis vier Jahren hatten zwischen ein und sechzehn Ziele erreicht. Ein Kind hat mit seinen fünf Jahren die Zielvorstellungen sogar noch überschritten, wobei seine zusätzlichen Fähigkeiten folgende einschlossen:

Von 10 zurückzählen; die Zahlen (1 bis 10) aufschreiben; bis 39 zählen; Zahlen (1 bis 20) in richtiger Reihenfolge ordnen; bei Zahlen (1 bis 20) die darauffolgende Zahl nennen; in eine Zahlenreihe (1 bis 20) fehlende Zahlen einfügen; sagen welche Zahl größer ist (z.B. 5

oder 3, 9 oder 14); sagen welche Zahl kleiner ist (z.B. 7 oder 11, 5 oder 9); gleiche Zahlen (auf der Basis 1 zu 5) zuordnen, wenn sie in Größe, Form und Farbe variieren (mit der Aufforderung »Lege die 4 auf die 4!«); Mengen von 1 bis 5 auf der Grundlage von Mustern schätzen; eine Menge aufstellen, die so groß wie eine gegebene Menge sind (1 bis 10); eine Menge aufstellen die zahlenmäßig um eins kleiner ist als die gegebene Menge (1 bis 10); eine Menge aufstellen die zahlenmäßig 1 größer ist als die gegebene Menge (1 bis 10) und eine Menge von zehn Additionsaufgaben, bei denen 1 oder 2 addiert werden sollte, (wie z. B. 7+1=, 2+6=) lösen.

1986 untersuchten Buckley und Sacks alle Teenager mit Down-Syndrom in Hampshire (Buckley/Sacks, 1987). 90 Schüler waren im Alter zwischen 11 und 18 Jahren. Die Wissenschaftler entdeckten, dass nur 6% der Mädchen im Alter von 11–14 und 14% der Jungs Gegenstände über die Zahl 20 hinaus zählen konnten. Ihre Fähigkeiten im Umgang mit Geld waren äußerst schwach ausgeprägt. Nur 28% der Mädchen und 18% der Jungs waren in der Lage, einfache Geldbeträge zu zählen. Nur ein einziger Junge aus der Gruppe konnte Geld so gut zählen, dass er in einem Geschäft hätte zurechtkommen können. Teenager der Altersgruppe von 14 bis 18 Jahren hatten bessere Fertigkeiten entwickelt, was die Annahme zulässt, dass das weiterführende Unterrichten und Üben vom 14. Lebensjahr an Fortschritte zeitigt. Die Teenager hatten zu dieser Zeit die Frühförderung, die kleine Kinder heute erfahren, noch nicht erhalten und Schulen und Eltern wussten zu diesem Zeitpunkt weit weniger darüber, wie sie Kindern helfen können. Keiner der Teenager hatte eine reguläre Schule besucht.

Kathryn Irwins Studie (1988) in Auckland untersuchte 21 Kinder mit Down-Syndrom im Alter zwischen neun und zwölf Jahren. Bloß zwei Kinder konnten bis 100 zählen. Nur eines von beiden zeigte ein klares Verständnis der Grundzahl 10 des 10er-Systems und war in der Lage Zehner zu zählen und mit Hilfe einer Zahlentafel 10 zu einer Zahl zu addieren. Von den anderen Kinder der Studie konnte ein Kind bis 23 zählen, neun Kinder waren in der Lage zwischen 10 und 20 korrekt zu zählen, zwei konnten bis neun zählen und die restlichen neun Kinder konnten höchstens bis fünf zählen.

Sloper, Cunningham, Turner und Knussen (1990) beurteilten 117 Kinder im Alter zwischen sechs und vierzehn Jahren anhand eines

Zahlen-, Lese- und Schreibtests, der von Lorenz (1985) aufgestellt wurde. Der Test lässt sich in 22 Aufgabengebiete (siehe unten) gliedern, wobei die Kinder bei jeder Teilaufgabe eine »1« für »nicht geschafft«, eine »2« für »nur mit Hilfe geschafft« und eine »3« für »geschafft« erhielten. Das durchschnittliche Ergebnis war 31,04 Punkte. Allerdings variierten die Fähigkeiten der Kinder stark und deckten eine große Spannbreite ab.

1. Unterscheidet zwischen der größten und kleinsten Anzahl von Gegenständen.
2. Identifiziert Gruppen mit gleicher Zahl von Gegenständen.
3. Stellt Gruppen mit fünf Objekten auf.
4. Stellt Gruppen mit neun Objekten auf.
5. Zählt zu einer Gruppe mit neun Objekten eines dazu.
6. Zieht von einer Gruppe mit neun Objekten eines ab.
7. Benennt und ordnet Symbole zwischen 0 und 9 zu.
8. Schreibt Symbole von 0 bis 9.
9. Schreibt Symbole zwischen 10 und 20.
10. Addiert geschriebene Zahlen bis 10 mit Hilfsmitteln (z.B. Finger, Zähltafeln, Abakus etc.)
11. Addiert Zahlen bis 10 ohne Hilfsmittel.
12. Subtrahiert von geschriebenen Zahlen bis 9 mit Hilfsmitteln.
13. Subtrahiert geschriebene Zahlen bis 9 ohne Hilfsmittel.
14. Addiert mit Hilfsmitteln zwei Zahlen bis 20.
15. Addiert zwei Zahlen bis 20 ohne Hilfsmittel.
16. Subtrahiert im Zahlenraum bis 20 mit Hilfsmitteln.
17. Subtrahiert im Zahlenraum bis 20 ohne Hilfsmittel.
18. Addiert Zahlen im Zahlenraum über 20 ohne Hilfsmittel.
19. Subtrahiert im Zahlenraum bis 50.

20. Rechnet einfache Multiplikationen.
21. Rechnet einfache Divisionen.
22. Ist in der Lage schwierigere Zahlenaufgaben zu bewältigen. (Konkretisieren sie bitte die Angaben)

Zahlenverständnis nach Sloper, Cunningham, Turner und Knussen (Abdruck mit freundlicher Genehmigung)

Auf der folgenden Seite ist eine Tabelle angeführt, die eine Auswahl von Ergebnissen aufgelistet, die bei Untersuchungen am Sarah-Duffen-Zentrum im Jahr 1992 erzielt wurden.

Beispiele für Erfolge

Fortschritte bei der Arbeit mit Zahlen, die einige Kinder, die in der Gegend von Portsmouth eine reguläre Schule besuchen, gemacht haben, sind unten tabellarisch dargelegt:

Die bereits ob angesprochene Arbeit von Sloper (u.a.) kam zu dem Schluss, dass die Ergebnisse der Zahlen-, Schreib- und Lesetests und das Entwicklungsalter der Kinder miteinander eng in Beziehung stehen, was bedeutet, dass Kinder, die auf einem Gebiet gut abschneiden, auch auf anderen Gebieten gut sind. Irwins Untersuchungen zeigten, dass zwischen dem Lese- und dem Zahlenverständnis eine enge Verbindung besteht.

Eine interessante Studie von Case u.a. (1988) überprüfte zwei Jahre lang immer im Abstand von sechs Monaten den Leistungsstand von Kindern. Insgesamt belief sich der Test auf fünf Messungen. Die Ergebnisse zeigten ganz bedeutende Unterschiede in der Entwicklung des Zahlen- und Textverständnisses zwischen Kindern, die Regelschulen besuchten und Kindern, die auf Förderschulen für Kinder mit mäßigen Lernstörungen gingen, wobei die Verbesserung des geistigen Entwicklungsstandes bei den Kindern, die Regelschulen besuchten, um einiges größer war. Case machte den Lehrplan, dem die Kinder in der jeweiligen Schule folgen mussten, für die Unterschiede in der Entwicklung verantwortlich. Hätte man die Fertigkeiten der Kinder nur einmal am Ende dieser zwei Jahre überprüft, wäre man vielleicht auch zu dem Schluss gekommen, dass die Kinder in Regelschulen einen höheren geistigen Entwicklungsstand und einen

Die Ergebnisse der Untersuchung am Sarah-Duffen-Centre, 1992:

Geschlecht	Alter	zählen bis	Objekte zählen (z) Addition/ Subtraktion bis ... (r)	Multiplikation	Schule
w	3	13	10		
w	4	6	4 z		
w	4	6	3 z		
w	5	7	4 z		
m	5	10	3 z		MLDM
m	5	10	3 z		S
w	6	7	5 z		M
w	6	12	12 r		M
w	6	30	29 r		M
m	6	6	4 z		SM
m	6	20	20 r		M
m	6	15	15 r		M
w	7	12	10 r		MLD
w	7	20	15 r		M
w	7	9	6 z		M
m	7	20+	20 r		M
m	7	20	13 r		MLD
m	8	8	4 z		S
m	9	50	50 r	etwas	M
m	9	15	15 r	etwas	M
w	10	20	13 r		M
w	12	100+ +	1000+ r	etwas	M

Abkürzungen der Schularten

S Förderschule für Kinder mit schweren Lernstörungen

MLD Förderschule für Kinder mit mäßigen Lernschwierigkeiten

MLDM Besuchen zweier Schulen, sowohl einer Förderschule für Kinder mit mäßigen Lernschwierigkeiten, wie auch einer regulären Schule

SM Besuchen zweier Schulen, sowohl einer Förderschule für Kinder mit starken Lernstörungen, wie auch einer regulären Schule

M Regelschule

höheren schulischen Leistungsgrad haben, womit die Betonung auf den individuellen Fertigkeiten der Kinder gelegen hätte und nicht auf den Lernmöglichkeiten, die sie erfahren haben.

Sprache

In der Mathematik, wie in jedem anderen Bereich des Lehrplanes, ist es entscheidend, dass die Kinder genau verstehen, was von ihnen verlangt wird. Während ihres Mathematikunterrichts müssen sie das mathematische Vokabular verstehen lernen. Bevor die Kinder aufgefordert werden irgendwelche Aufgaben zu erledigen, muss getestet werden, ob ihr Wort- und Sprachverständnis und ihr Kurzzeitgedächtnis die Aufgabe erfasst haben. Werden die Instruktionen nur verbal gegeben, könnten sie bald wieder vergessen werden oder es könnte mehr Zeit erfordern, sich an die Instruktionen als an die Aufgabe selbst zu erinnern, wodurch der mathematische Aspekt zu sehr in den Hintergrund treten würde. Bemühen sie sich, die Kinder weitestgehend von der Aufgabe zu befreien, sich Instruktionen und die dafür genutzten Worte, Zahlen und Symbole merken zu müssen, indem sie die Aufgaben, wenn möglich, visuell darstellen. Als allgemeine Richtlinie kann man sagen, dass Kinder im Grundschulalter Schwierigkeiten haben werden, sich mehr als drei Instruktionen, Ideen oder Aufgabenkomponenten auf einmal zu merken.

Mathematisches Vokabular

Einige mathematische Fachtermini und ihre Konzepte, die Kinder lernen müssen, werden nachfolgend aufgelistet. Manche dieser Worte werden durch tägliche Interaktion gelernt und andere sollten in der Sprachtherapie der Kinder abgehandelt werden, aber einige der Termini müssen in den Mathematikstunden erlernt werden.

Anwenden der Mathematik
Ergebnis, Resultat, überprüfen, erklären, aufzeichnen, ergeben, Probe machen, schätzen, Schätzung.

Zahlen und Algebra
Zahlworte, viele, alle, einige, beide, ein anderes, keine, viele, gleiche, mehr, weniger, jede, genug, so viele wie, erste, zweite, dritte etc., letzte, addieren, subtrahieren, wegnehmen, einschätzen, abschätzen, zweimal, multiplizieren, Einheiten, Zehner, Hunderter, sich wiederholendes Muster, ungleich, gleich.

Bruchrechnung
Gleich, unterschiedlich, so groß wie, kleiner als, größer als, ganz, ein Teil von ... etc., Teil, ganz, halb, Hälften, gleich, ungleich, Viertel, ein Viertel, drei Viertel, ein halb.

Einheiten und Formen

Zeit
Wieder, jetzt, nach, bald, heute, davor, später, gestern, früh, spät, einmal, morgen, zweimal, schnell, langsam, erster, nächster, letzter, Wochentage, Wochen in einem Monat, Monate in einem Jahr, die Begriffe zum nennen der Uhrzeit, Uhr, halb..., Viertel nach, Viertel vor etc.

Größe, Breite, Höhe, Länge
Groß, klein, fett, dünn, lang und kurz, dick, breit, eng, größter, kleinster, längster, größer, kürzer als, länger als, so groß wie, zuordnen, vergleichen.

Fläche, Umfang und Flächeninhalt
Viel, eine Menge, ein bisschen, etwas, ein kleiner Teil, ein großer Teil, leer, voll, viel, am meisten, mehr als, weniger als, gleich.

Gewicht
Schwer, nicht schwer, leicht, am schwersten, am leichtesten, schwerer als, leichter als.

Geld
Münzen, Währungsbezeichnung, sowie natürlich auch Einheiten und Vergleiche wie oben genannt.

Formen
Rund, Punkt, Linie, Kreis, Rechteck, Sechseck, Fünfeck, Quadrat, Oval, Dreieck, Raute und andere zweidimensionale Formen, dreidimensionale Formen wie Kugel, Würfel, Zylinder, Pyramide etc, Eigenschaften von Formen wie rund, eckig, wellig, flach, Ecke, Kante, gerade, rechter Winkel, drehen, rumdrehen, Symmetrie, im Uhrzeigersinn, gegen den Uhrzeigersinn.

Eltern wird geraten, damit zu beginnen, ihren Kindern Formen, Farben und Größen beizubringen, bevor sie in die Schule kommen und in logischen Einheiten unterrichtet werden. Als Folge eines solchen Unterrichts können viele Kinder im Alter von vier, fünf und sechs Jahren Aufgaben erfüllen, indem sie die Einheiten entsprechend dieser drei Merkmale identifizieren können, zum Beispiel: »Gib mir das große, blaue Dreieck!« Solche und ähnliche Aktivitäten sind sehr nützlich, um das Verständnis auf dem Drei-Wort-Level zu festigen.

Räumliche Beziehungen

In, auf, unter, bei, an, hinter, vor, neben, über, durch, drinnen, draußen, aus, zu, entfernt, oberhalb, unterhalb, drum herum, oben, unten, vorne, hinten, links, rechts, vorwärts, rückwärts, ganz oben, ganz unten, Mitte, erster, nächster, letzter.

Umgang mit Daten

Mengen, Karten, Diagramme, Datensammlung, Methoden Daten zu speichern, zum Beispiel, Tabellen, Listen, Schaubilder, Graphen.

Lesen

Ein Wort zur gleichen Zeit lesen zu lernen, in der die Kinder auch Verständnis dafür entwickeln, wird ihnen helfen, sich neues Vokabular und seine Bedeutung besser zu merken. Schreiben sie die einzelnen Worte, die gelernt werden sollen auf Karteikarten und schreiben sie erklärende Sätze auf Papier, die Tafel oder den Overhead-Projektor, damit die Kinder mitlesen können, während sie mit Hilfe praktischer Methoden ein neues Konzept lehren.

Diese Methode ist besonders hilfreich, wenn sie Komparative lehren, bei denen Bilder von Text begleitet werden, wie zum Beispiel: »Der Hund ist größer als die Katze«, »Das Haus ist breiter als das Tor«, »Die Frau ist dünner als der Mann«; oder wenn sie Fragen nach dem Maß bzw. der Größe stellen, wie zum Beispiel: » Wie breit ist der Weg?«, »Wie lang ist das Stück Schnur?« Worte für Raum und Form können ebenfalls auf diese Weise verbunden werden, zum Beispiel, »Der Kreis ist unter dem Quadrat«, »Das Dreieck ist im Kreis«, »Das Quadrat ist links vom Kreis« oder »Der kleine Kreis ist unterhalb des großen Quadrats«. Sie werden sicher angemessene Bilder haben, um einen Text dazu schreiben zu können. Falls nicht, müssten sie sich ihr eigens Bildmaterial zusammensuchen oder gestalten, wobei in vielen Zahlenbüchern für kleinere Kinder geeignetes Material zu finden sein sollte.

Bitten sie einen Sprachtherapeuten, ihnen geeignetes Bild- und Lehrmaterial zu leihen und ihnen mit Rat und Tat bei der Auswahl der besten Lehrmethoden für mathematisches Vokabular zur Seite zu stehen. Die ersten Mathematikbücher sind zwar schon mit Texten ausgestattet, aber es könnte den Kindern leichter fallen, neue Instruktionen zu lesen und zu verstehen, wenn sie unbekannte Worte und Sätze auf Karten schreiben und diese auch separat von der jeweiligen Seite im Buch verwenden. Alle nötigen Informationen auf einer einzigen Seite im Buch gesammelt, kann für einige Kinder zu kompliziert sein. Das separate Aufschreiben von Sätzen und Zeigen von Bildern vereinfacht eine Rechenaufgabe für die Kinder. Ähnlich können Arbeitsblätter inhaltlich so reduziert werden, dass sich weniger auf einer Seite befindet. Dieser einfache Trick wird die Kinder ermutigen, die ihr Bestes geben, aber sich entmutigen lassen, wenn sie auf einem Arbeitsblatt mehr sehen, als sie vermutlich in der vorgegebenen Zeit erledigen können.

Wiederholung

Regen sie Kinder immer wieder dazu an, Informationen im Kopf zu wiederholen und sich zu merken, um ihnen zu helfen, Fähigkeiten zu erlernen, die besonders schwierig zu meistern sind (die Methoden wurden bereits beschrieben). Denken sie darüber nach, diese Technik bei Zahlenreihen, Zehnertabellen, Zahlworten für das auswendige Zählen, beim Zählen in Zweierschritten, den Wochentagen oder den Monaten eines Jahres anzuwenden.

Aufzeichnen

Ein ganz allgemeines Problem bei Kindern mit Down-Syndrom ist das Aufschreiben. Das Notieren von Zahlen, Gegenständen und Diagrammen bereitet speziell im Fach Mathematik große Probleme, vor allem, wenn es um Zahlwerte geht. Ermuntern sie die Kinder zum Üben, um diese Fertigkeit zu verbessern. Verwenden sie aber auch Hilfsmittel, um ihnen diese Aufgaben zu erleichtern und Fehlschläge bei Aufgaben, die die Kinder zwar verstehen, aber nicht zu Papier bringen können, weitestgehend zu vermeiden. Machen sie Sets aus Klebepapier, Schablonen, Zahlen aus Klebeband, Zahlen auf Karton und benutzen sie einen Computer mit angeschlossenem Drucker.

Zahlen

Die folgenden Beispiele konzentrieren sich auf die Grundlagen der frühen Entwicklung des Zahlenverständnisses und den Methoden, sie zu unterstützen. Einige dieser Techniken können auch bei schwierigen Aufgabenstellungen auf anderen mathematischen Gebieten des Lehrplanes von Lehrern angewandt werden. (Haben sie weitere gute Ideen, schicken sie sie bitte an das Sarah-Duffen-Zentrum, damit wir sie entweder in der Zeitschrift *Down's Syndrom: Research and Practice* veröffentlichen oder an andere Schulen weitergeben können).

Zählmethoden

Die Methoden von Gelman und Cohen (1988), die für Kinder als notwendig erachtet werden, um richtiges Zählen zu lernen, sind:

1. Das Eins-zu-Eins-Prinzip,
bei dem jeder Gegenstand in einer Reihe mit einer Nummerierung versehen ist, die man abzählen kann und zwar so, dass wirklich nur eine Zahl für jeden einzelnen Gegenstand verwendet wird.

Beispiel für das Eins-zu-Eins Prinzip

2. Das Prinzip der festen Reihenfolge,
mit einer festen Zahlenreihe, passend zu der Anzahl der vorhandenen Gegenstände.

Beispiel für das Prinzip der festen Reihenfolge

3. Das Prinzip der Zahl als Darstellung einer Menge,
in dem das letzte Kästchen einer Reihe das Ergebnis der ganzen Menge nennt.

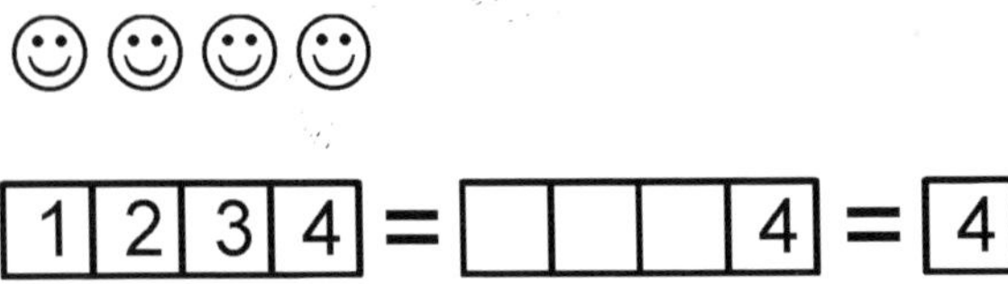

Beispiel für das oben genannte Zahlenprinzip

5. Das Abstraktionsprinzip,
bei dem die bereits vorgestellten Prinzipien bei jeder erdenklichen Reihe von Zahlen bzw. Gegenständen angewandt werden können.

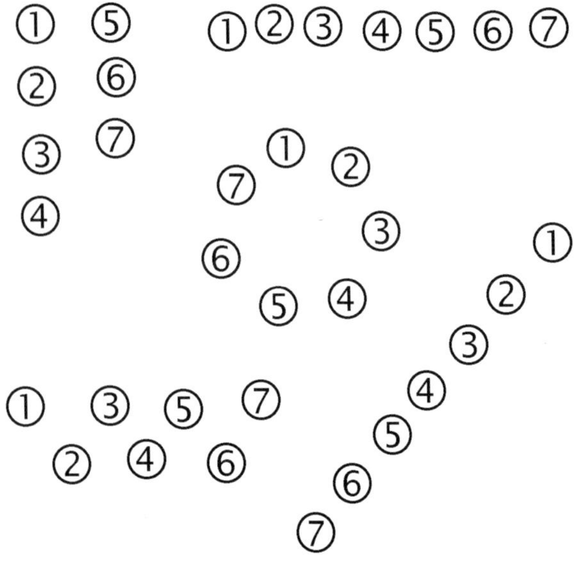

Beispiel des Abstraktionsprinzips

6. Das Prinzip der Irrelevanz der Reihenfolge,
in dem die Reihenfolge und die Zahl, die jeder Gegenstand erhält, völlig irrelevant ist. Dieses Prinzip

soll dabei helfen, zwischen Abzählen und Belegen mit einer bestimmten Zahl unterscheiden zu lernen.

Illustration des Prinzips der Irrelevanz

Das Erlernen weiterer Fertigkeiten

Die folgenden Tests von Baroody (1986) werden zur Beurteilung des Verständnisses von Zahlprinzipien, Aufzählungen und Kopfrechnen von Kindern herangezogen. Dieses Fähigkeiten sind wichtig und müssen immer wieder gelehrt und geübt werden. Prüfen sie die Kinder erst, wenn sie der Meinung sind, dass sie die Aufgaben erfolgreich absolvieren können.

1. **Lautes zählen (mündlich)**
   1, 2, 3, 4, 5, 6, 7, 8, 9, 10, usw.

2. **In Zehnerschritten zählen**
   10, 20, 30, 40, 50, 60, 70, usw.

3. **(i) Aufzählen und (ii) eine Menge von Gegenständen auszählen**
   (i) Gegenstände abzählen 1, 2, 3, 4, 5, usw.
   (ii) Eine bestimmte Anzahl von Gegenständen aus einer Menge von Gegenständen heraus zählen.

4. **Zählregel, dass das letzte Kästchen die Anzahl der Gegenstände in einer Reihe repräsentiert**
   Gegenstände zählen, einige zudecken und fragen wie viele es noch sind.

5. **Schätzen oder das Erkennen von Zahlen und Mustern ohne genau zu zählen**
   Die Punkte auf einem Würfel, Gruppen, kleine Gegenstände.

6. **Zahlen bis 10 mit den Fingern zeigen**
   Schnell so viele Finger wie gewünscht hoch halten.

7. **Irrelevanz der Reihenfolge**
   Anfangs-, Endpunkt und Reihenfolge verändern

8. **Entsprechungen oder Mengen nach einem vorgegebenen Beispiel ordnen**
   Ein Bild (zum Beispiel, eine Katze mit drei Bällen) zu einem Bild aus einer Menge (zum Beispiel, zu einer Katze mit 1-10 Bällen) zuordnen.

Vokabular, auswendiges Zählen und Aufzählungen

Es ist von entscheidender Wichtigkeit, dass Kinder die Namen der Zahlen und das auswendige Zählen lernen. Baroody schlägt vor, dass Muster von Zahlenfolgen verwendet werden, um das auswendige Zählen zu lernen und zwar sowohl für das regelmäßige Zählen in Reihenfolge als auch für das Zählen in Zehnerschritten, sodass der Lernalltag eine Mischung aus auswendigem Zählen und Zählen nach Regeln beinhaltet. Wir empfehlen ihnen, sich dafür eine Routine zu überlegen.

Wenn Kinder ein Zahlenvokabular lernen, bevor sie es wirklich begreifen können, ist es wichtig, keine anderen Erwartungen an die Kinder zu richten als dass sie zuhören und zusehen. Zum Beispiel sollten die Kinder das Zählen mit Fingern lernen, indem sie zunächst ihre Lehrer beobachten, wie sie mit den Fingern bis zehn zählen. Die Kinder können dann zusehen, wie ihr Lehrer beim Zählen auf jede einzelne Zahl deutet und müssen sie laut nachsprechen. Es wird trotz allem genug Möglichkeiten im Laufe eines Schultages geben, in denen die Kinder gemäß ihres erworbenen Verständnislevels arbeiten können.

Zahlenstreifen, Listen, Schritte und Tabellen helfen den Kindern, indem sie ihre visuellen Fertigkeiten ansprechen, mit deren Hilfe sie richtig auswendig zählen und abzählen lernen.

1	2	3	4	5	6	7	8	9	10

Zahlenstreifen 1 bis 10

1	2	3	4	5	6	7	8	9	10
11	12	13	14	15	16	17	18	19	20
21	22	23	24	25	26	27	28	29	30
31	32	33	34	35	36	37	38	39	40
41	42	43	44	45	46	47	48	49	50

Zahlentabelle 1 bis 50

1	2	3	4	5	6	7	8	9	10
10	20	30	40	50	60	70	80	90	100

Zehnertabelle: Zähle und füge die Zehner-Endung hinzu.
(Zum Verständnis des dezimalen Systems)

Um beim Zählen auf dem Laufenden zu bleiben, können Kinder die bereits gezählten Gegenstände entweder beiseite schieben oder systematisch in eine Richtung zählen. Lehren sie immer nur ein eindeutiges Zeichen zu einem Gegenstand und deuten sie immer nur einmal und zwar genau einmal darauf. Alle Fehler, die beim Zählen gemacht werden, können dadurch reduziert werden, dass sie die Kinder dazu auffordern, langsam und genau zu zählen.

Wenn Kinder eine richtige Antwort geben, kann es sein, dass sie sich nicht darüber im Klaren sind, dass jeder Zahl eine bestimmte Menge zugeordnet ist. Vergewissern sie sich, dass sie dies den Kindern immer deutlich machen und die Kinder es auch wirklich verstehen.

Es gibt zwei Gründe, warum Kinder vielleicht über die Zahl, bis zu der sie eigentlich zählen sollten, hinauszählen. Der eine Grund ist, dass sie die Zahl schlicht vergessen haben, der andere ist, dass sie das Prinzip der Zählreihe und die daraus folgende Bedeutung der letzten Zahl nicht verstanden haben. Diese begriffliche Voraussetzung kann anfangs mit Hilfe kleiner Schritte gelernt werden. Zum Beispiel indem sie den Kindern zwei Gegenstände zeigen und dazu laut »zwei« sagen und mit ihnen zählen »eins, zwei«. Wurde das verstanden, können sie zu längeren Zahlenreihen übergehen. Haben sie das Gefühl, dass die Kinder das Prinzip verstanden haben und mit Spaß bei der Sache sind, können sie sie während dem Zählen unterbrechen und fragen: »Und wie heißt die letzte Zahl?«

Kopfrechnen

Neben den üblichen Zählweisen, sollten Kinder auch lernen in Gedanken zu zählen bzw. später in gewissem Rahmen im Kopf zu rechen. Diese Fähigkeiten können ihr Selbstvertrauen bei diversen mathematischen Aufgabenstellungen stärken. Je größer das Vertrauen der Kinder in diese Fertigkeiten und ihr Geschick wird, desto mehr sollten sie versuchen, Kopfrechnen in Lernspiele einzubauen und die Kinder dazu ermuntern, leise zu zählen, zum Beispiel indem sie Zahleneinheiten, aufbauend von 1 bis 8, in Mengen identifizieren sollen. Außerdem müssen die Kinder lernen, im Kopf zu rechnen, indem sie anfangs eins oder zwei (und später größere Beträge) zu einer Zahl addieren und subtrahieren. Können die Kinder diese Spiele richtig durchführen, versuchen sie, das Tempo der Aufgaben zu steigern. Haben die Kinder im Unterricht oft Gelegenheit zu üben, kann der Lehrer schneller im Lehrplan weitergehen. Je länger sie aber an einem Lernschritt hängen bleiben, desto wahrscheinlicher ist, dass sie die Lehraktivitäten langweilen und das Interesse am Unterricht verlieren.

Weiterzählen

Das Vorwärts- wie das Rückwärtszählen sollte Kindern unbedingt beigebracht werden. Die Methode, die Irwin in ihrer bereits erwähnten Studie von 1988 verwendet hat, machte sich die visuellen Fertigkeiten von Kindern mit Down-Syndrom äußerst erfolgreich zu Nutze. Die Kinder, die sie für diesen Extraunterricht ausgesucht hatte, konnten alle bis neun zählen, Zahlen lesen und schreiben und waren in der Lage zu addieren. Sie fingen aber immer wieder bei eins an, um Gruppen von Zahlen abzuzählen.

Die Lehrmaterialen, die Irwin benutzte, bestanden aus einem Satz weißer Karten mit sechs, sieben, acht oder neun schwarzen Punkten (Karten mit langen Punktreihen), einem Satz Karten mit zwei, drei, vier, oder fünf Punkten darauf (Karten mit kurzen Punktreihen) und einem Satz Karten, auf dem Ziffern standen. Klötze mit Punktgruppen wurden benutzt, um die Fähigkeit der Kinder zur Verallgemeinerung beurteilen zu können. Zunächst zeigte man den Kindern eine Karte mit einer langen Zahlenreihe mit der zugehörigen Ziffernkarte (siehe Abb. unten), dann gab man ihnen eine zweite Karte, jedoch mit einer kürzeren Zahlenreihe und fragte: »Wie viele Punkte sind es jetzt insgesamt?«.

Als nächsten Schritt gab man den Kindern eine ungeordnete Menge von Klötzen und fragte, wie viele Punkte zu sehen sind. Danach gab man eine zweite, kleinere Menge dazu und stellte die Frage, wieviele Punkte nun insgesamt zu sehen wären. (Die genauen Instruktionen wurden der Veröffentlichung von Secada (1983) entnommen.)

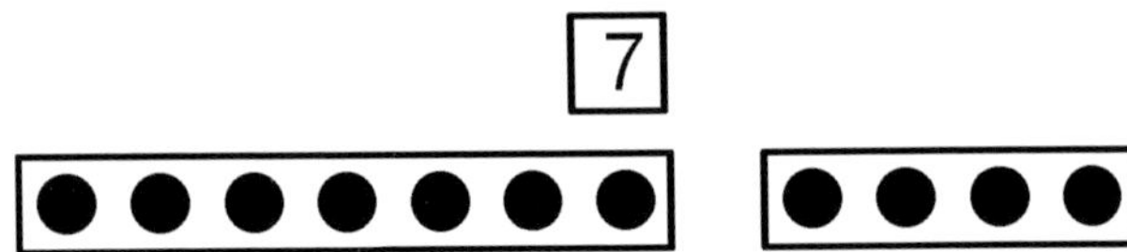

Lange und kurze Kartonstreifen mit Punkten

Drei weitere Fertigkeiten wurden den Kindern im Folgenden beigebracht. Erstens sollten die Kinder laut von einer Zahl größer als eins weiterzählen, natürlich mit soviel Unterstützung wie sie benötigten. Zweitens sollten sie den Namen der letzten Zahl einer Reihe nennen und dabei lernen, dass der Name der letzten Zahl einer zu zählenden Reihe auch dem Wert der gesamten Reihe entspricht. Drittens sollten sie den Zahlennamen des ersten Punktes des zweiten Summanden nennen, was von den Kindern forderte, von der reinen Ziffernbedeutung der Zahl zum Zählen überzugehen. Die Schritte zwei und drei wurden mit Hilfe eines Satz Karten durchgeführt.

Die Unterrichtsmethoden schlossen mit ein, die entsprechenden Namen der Zahlen mit den Kindern nachzusprechen, indem die Anfangsbuchstaben der Zahlen vorgesagt wurden und die Kinder diese vollenden mussten. Wenn nötig ging man wieder zurück zu kleineren Zahleneinheiten, um den Schwierigkeitslevel langsam auszubauen und die Aktivitäten der Kinder genauer beobachten und Fehler gleich verbessern zu können. Man gab den Kindern reichlich Zeit und Möglichkeit zur Selbstkorrektur und lobte sie immer wieder für sorgfältiges Arbeiten.

Der Unterricht fand an jeweils fünf Tagen einer Woche statt, wobei an vier Tagen Karten und Ziffern und am fünften Tag Klötze und Ziffern verwendet wurden. Alle Kinder lernten, beim Addieren weiterzuzählen, viele von ihnen sogar schon am ersten der fünf Tage. Kinder, die in einer ungeordneten Reihe von Klötzen erfolgreich weiterzählen konnten, lernten meist schnell die Technik, sich mit Hilfe einer aufgeschriebenen Zahl daran zu erinnern, wie viele Klötze in der ersten Gruppe waren. Sechs Monate später hatten alle bis auf eines der neun Kinder gelernt, mit speziellen Unterrichtsmaterialien weiterzuzählen, wobei die meisten die beschriebene Technik benutzten, um eine ungeordnete Reihe von Klötzen zu addieren. Drei Kinder benutzten die Technik des Weiterzählens bei Summen, die sie schriftlich rechnen mussten und ein Kind sogar, wenn es Geld zusammenzählen sollte.

Diese äußerst erfolgreiche Strategie wendet wichtige Grundprinzipien an, die in jeder Lernsituation benutzt werden können. Sie umfasst das Analysieren und Zerlegen der einzelnen Lernphasen, um Teilschritte meistern zu können und bezieht visuelle Hilfsmittel mit ein, die Kindern helfen, sich zu erinnern und neue Fertigkeiten leichter zu erlernen.

Lehrmaterialien

Die meisten Schulen verfügen über eine recht gute Auswahl an praktischen Materialien für den Mathematikunterricht, die auch für die Arbeit mit Kindern mit Down-Syndrom geeignet sind. Es kann sein, dass sie greifbare Hilfsmittel benötigen, während die anderen Kinder in der Lage sind sich ohne Hilfen an das Gelernte zu erinnern, Grundprinzipien zu erfassen und anzuwenden. Das Ziel für alle Kinder ist es aber, zu verstehen was und warum sie etwas tun und dass sie bestimmte Regeln lernen und anwenden müssen, um ein Ergebnis zu erzielen. Machen sie den Kinder mit Down-Syndrom Regeln immer ganz deutlich, schreiben sie sie in einer Liste oder einem Heft für die Kinder gesondert auf, damit sie die Regeln nachschlagen können. Seien sie vorsichtig »Voraussetzungen« bzw. »Grundlagen« zu lehren und konzentrieren sie sich stattdessen auf konkrete Sachverhalte, die sie den Kindern beibringen möchten. Vielen Kindern fällt es leichter, Verständnis für etwas zu entwickeln, nachdem sie Aufgaben gemeistert haben, bei denen sie nach klar strukturierten Regeln gearbeitet haben.

In Ihrer örtlichen Bibliothek und im Buchhandel finden sie bestimmt Zählbücher für kleine Kinder (für Zahlen von 1 bis 20) mit großen deutlichen Bildern, die geeignet sind, die Zahlenarbeit von Kindern mit Down-Syndrom zu unterstützen.

Computerprogramme sind für die Arbeit mit Zahlen ebenfalls sehr nützlich. Vor allem für das Anfangsstadium, also das Lernen von mathematischem Vokabular, den Zahlen eins bis zehn und den dazugehörigen Namen, gibt es ganz ausgezeichnete Computerprogramme. Kleine Karten oder Plastikzahlenschablonen können zur Arbeit am Computer hinzugenommen werden und beim Zuordnen der richten

Computertasten helfen. Zum Beispiel können Hilfskräfte den Kindern die richtige Antwort vorsagen und ihnen die richtige Zahl reichen, mit deren Hilfe sie dann die richtige Taste finden müssen. Dadurch wird das Zuordnen interessanter gestaltet. Wenn die Kinder beim selbstständigen Heraussuchen der Zahltasten unsicher sind, können sie die Zahlenkärtchen als Hinweis und Anhaltspunkt zeigen, um falschem Heraussuchen vorzubeugen.

Auch im Anhang werden einige Materialien und Spiele diesbezüglich genannt.

Zusammenfassung

Wir kennen bisher keine Kinder, die gute Fähigkeiten im Rechnen und gleichzeitig ein schwaches Sprachverständnis haben, aber wir kennen sehr viele Kinder mit ausgezeichnetem Sprach- und Leseverständnis, die vergleichsweise schwache mathematische Fähigkeiten haben. Diese Theorie ist gut belegt (Gibson,1978; Buckley & Sack, 1987). Bis vor ungefähr fünf Jahren wurde auf die Sprachentwicklung besonderes Augenmerk gelegt. Das Lesen-, Schreiben- und Sprechenlernen wurde stärker betont und gefördert, als die Entwicklung mathematischer Fähigkeiten. Das größer werdende Bewusstsein gegenüber den spezifischen Bedürfnissen und den Erfolgen von Kindern mit Down-Syndrom, die sie auf dem Gebiet des Lesens und Schreibens erzielen können, haben die Anstrengungen bei Eltern wie Lehrern in die Höhe schnellen lassen, auch auf dem Gebiet der Mathematik Erfolge zu erreichen. Als Folge daraus schafft eine immer größere Zahl von Kindern auch im Rechnen weit mehr, als man je für möglich gehalten hätte. Wir fordern Eltern wie Lehrer dazu auf, sich hohe Ziele zu stecken, aber trotz Allem nicht zu vergessen, dass, zumindest im Moment noch, die Mehrheit der Kinder beim Rechnen nicht so viel erreichen wird wie in Sprachunterricht.

Teil 3

Die Auswahl der Schule

Der Schwerpunkt der ersten beiden Teile dieses Buches lag auf den spezifischen Lernbedürfnissen von Kindern mit Down-Syndrom und auf der Anpassung des Lehrplanes an diese Bedürfnisse. Die Informationen sind für den Unterricht in jedem Klassenzimmer geeignet und wir hoffen, dass sie sowohl in Förderschulen wie auch in Regelschulen in die Praxis umgesetzt werden.

Trotzdem sind alle Aspekte der Entwicklung eines Kindes von der Gesamtheit seiner Erfahrungen und seiner Umwelt abhängig. Eine Förderschule wird deshalb nicht ohne weiteres in der Lage sein, Kindern mit Down-Syndrom eine optimale Umgebung, in der sie kognitive und soziale Fortschritte machen können, zur Verfügung zu stellen.

In Großbritannien ist das Schulsystem dieses Problem bisher nur äußerst zögerlich angegangen (Das gilt auch für Deutschland, wenngleich hier zu Lande durch die föderale Struktur zwischen einzelnen Bundesländern erhebliche Unterschiede bestehen. Anm. d. Übersetz.). Eine grundsätzliche Änderung in der Art und Weise wie wir über behinderte Menschen denken ist dringend erforderlich. Die Vereinigten Staaten und Australien könnten uns dabei als Vorbild dienen.

Begründung

Warum wir integrativen Unterricht bevorzugen

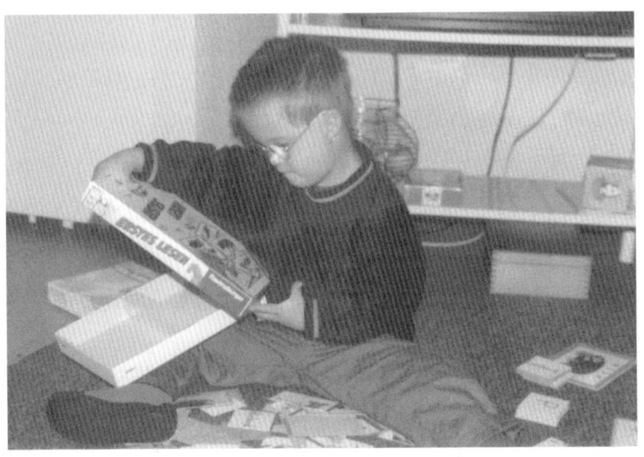

Wir sind vor allem aus zwei Gründen fest davon überzeugt, dass behinderte Kinder, mit angemessener Unterstützung versteht sich, in regulären Schulen unterrichtet werden sollten:

1. Alle Kinder sind zunächst einmal Kinder und haben das Recht, dass ihnen die Gesellschaft eine normale, kindgerechte Umwelt bietet, um in ihrer gesamten Entwicklung, der kognitiven, sozialen und emotionalen, davon profitieren zu können.

2. Solange Kinder nicht unabhängig von ihrer Hautfarbe, ihrer Konfession, ihren Fähigkeiten oder Behinderungen gemeinsam aufwachsen

und ihre Besonderheiten schätzen lernen können, wird es nicht möglich sein, mit Vorurteilen aufzuräumen, die das Leben von behinderten Menschen erschweren.

Es gibt eine Reihe von Artikeln, die von behinderten Menschen geschrieben wurden und die die negativen Auswirkungen einer Sonderschulausbildung, die zwangsläufig Abgrenzung hervorbringt, beschreiben. Einige gehen sogar soweit sich selbst als »Überlebende« des Förderschulsystems zu bezeichnen (Reiser/ Mason, 1990).

Die meisten jungen Menschen mit Down-Syndrom sind nicht im gleichen Maße wie andere behinderte Menschen in der Lage, ihre Gefühle zu artikulieren und über ihre Erfahrungen zu reflektieren, aber Forschungsstudien verdeutlichen einige der Nachteile, die für Kinder mit Down-Syndrom durch eine separate Schulbildung entstehen können(z.B. Buckley & Sacks, 1987; Shepperdson, 1988).

Der Ausbildungsstandard ist in Schulen für Kinder mit schweren Lernstörungen ist extrem niedrig und die meisten Kinder mit Down-Syndrom erreichen in diesen Schulen keine wirklich befriedigenden Ziele im Schreiben, Lesen, Rechnen und erlangen keine ausreichende Allgemeinbildung. Außerdem verlassen sie die Schulen meist mit nur ungenügenden sozialen Fähigkeiten.

Die schwachen schulischen Ergebnisse sind auf die niedrigen Erwartungen und die schlechten Lernmöglichkeiten zurückzuführen. Auf dem Lehrplan von Sonderschulen stehen gewöhnlich Selbsthilfe und gesellschaftliche Fertigkeiten vor wissenschaftlichen Belangen (Sloper/ Cunningham/ Turner/ Knussen, 1990). Außerdem lassen sich die schwachen schulischen Leistungen von Kindern mit Down-Syndrom auf das gesamte Umfeld an Sonderschulen zurückführen, das sich stark von dem regulärer Schulen unterscheidet. An Sonderschulen gibt es naturgemäß ausschließlich Kinder mit besonderen Bedürfnissen. »Normale« Kinder, die spielen, quatschen, arbeiten oder singen und so eine »normale« Umgebung schaffen und als Vorbilder für Kinder mit spezifischen Bedürfnissen fungieren können oder ein für ihr Alter normales Verhalten vorleben, gibt es an Sonderschulen nicht.

Weitere Nachteile ergeben sich daraus, dass Sonderschulen meist außerhalb der jeweiligen Heimatgemeinde liegen und die Kinder somit aus ihrem täglichen Umfeld und ihrer Nachbarschaft herausgerissen werden. Dies führt zu wachsender Isolation und Einsamkeit der Kinder, wenn sie älter werden. Immer mit dem Taxi oder dem Bus in die Schule gebracht zu werden verhindert, dass die Kinder lernen, Straßen alleine zu überqueren, sich in der Nachbarschaft zurechtzufinden, den normalen Nahverkehr zu nutzen und mit Freunden durch die Gegend zu ziehen. Nur zu oft werden Kinder mit Down-Syndrom in Förderschulen übermäßig beschützt, was ihre Möglichkeiten merklich schmälern kann.

Beweise für den Vorteil integrativen Unterrichts

Während der letzten fünf Jahre hat sich die Anzahl der Kinder mit Down-Syndrom, die in regulären Schulen unterrichtet werden und auf deren spezifischen Bedürfnisse eingegangen wird, rapide vermehrt. Forschungsergebnisse zeigen die Vorteile auf, die die Kinder dadurch erfahren. In Hampshire werden die Fortschritte der Kinder von Psychologen, die im Sarah-Duffen-Zentrum arbeiten, überwacht. Eltern und Lehrer von Kindern mit Down-Syndrom aus ganz Großbritannien und anderen Teilen der Welt stehen in engem Kontakt mit den Psychologen des Sarah-Duffen-Zentrums, um einerseits Rat, Hilfe und Informationen zu bekommen und andererseits, um uns Anregungen zu geben. Zusätzlich werden im Zentrum Kinder ganz unterschiedlicher Jahrgangsstufen beurteilt, gewöhnlich dann, wenn es darum geht, sie in eine reguläre Schule zu geben oder wenn neue Schulmaterialien bereitgestellt werden sollen. Unserer Ansicht nach hat die Forschungsarbeit, die von Lehrern, Kindern und Eltern unterstützt wurde, auch den Horizont der Autoren erweitert.

Studien

Es gibt zwei veröffentlichte Studien, die speziell die Fortschritte von Kindern mit Down-Syndrom in integrativen Schulen betrachten. Beide zeigen die Vorteile der Integration in Bezug auf das Erreichen schulischer und sozialer Ziele.

1988 beobachteten Wendy Casey und ihre Kollegen in London den schulischen Fortschritt von 36 Kindern mit Down-Syndrom über einen Zeitraum von zwei Jahren, wobei sie die Fortschritte alle sechs Monate neu beurteilten. Die Kinder waren zu Beginn der Studie zwischen drei und zehn Jahren alt. Die Hälfte von ihnen war in regulären Schulen, die andere Hälfte in Schulen für Kinder mit mäßigen Lernstörungen untergebracht. Nach den zwei Jahren erzielte die Gruppe von Schülern in normalen Schulen auf allen getesteten Gebieten bessere Ergebnisse: sprachliches Ausdrucksvermögen, Verständnis, Rechnen, verbale Gewandtheit, Zeichnen und Schreiben, sowie Lesen. Das bessere Abschneiden kann nicht mit unterschiedlichen Fähigkeiten der Kinder zu Beginn der Studie erklärt werden, weil sie anfangs sehr sorgfältig anhand ihrer Fähigkeiten ausgewählt wurden.

1990 führten Sloper, Cunningham, Turner und Knussen in Manchester eine sehr detaillierte Studie mit 117 Kindern mit Down-Syndrom durch. Die Kinder in regulären Schulen hatten den höchsten Leistungsstand in Lesen, Schreiben und Rechnen, gefolgt von den Kindern, die zumindest zeitweise Unterricht an regulären Schulen hatten. Dann folgten die, die in Schulen für Kinder mit mäßigen Lernstörungen waren und zu guter Letzt die Kinder, die in Schulen für Kinder mit schweren Lernstörungen unterrichtet wurden. Um ein möglichst genaues Ergebnis zu erhalten, wurde zu Beginn der Studie untersucht, ob es bei den Kindern Unterschiede im geistigen Entwicklungsstand gab.

Für die Lehrer in Regelschulen stand das Erreichen der Ziele des Lehrplans im Vordergrund, während in den Förderschulen anfangs mehr Wert auf Selbsthilfe, Sozialisation und die Sprachfertigkeiten der Kinder gelegt wurde. Trotz Allem zeigten die Kinder, die in den Förderschulen waren, keinerlei Vorsprung auf diesen Gebieten. Die Kinder der regulären Schulen besaßen genauso gut ausgeprägte Sozialkompetenz, Fertigkeiten zur Selbsthilfe und noch dazu bessere Sprachfertigkeiten.

Diese zwei Studien unterstützen unsere Meinung, dass der heutige Wissenstand über die Entwicklung von Kindern mit Down-Syndrom andeutet, dass solche Kinder in einer ganz normalen Umgebung besser vorankommen. Aber, was wir aus diesen Studien bisher noch nicht wissen ist, wie sich die Integration der Kinder in den regulären

Schulunterricht auf ihre soziale und emotionale Entwicklung auswirkt. Ein äußerst positiv zu bewertender Effekt ist, dass die Kinder in ihrer gewohnten Umgebung zur Schule gehen und ihr gesellschaftliches Leben pflegen können, woraus sich durch den Kontakt mit Kindern aus ihrer Nachbarschaft leichter dauerhafte Freundschaften ergeben.

Es gibt im Moment zwar noch keine veröffentlichen Studien über die Auswirkungen des *Mainstreaming*, also die Integration von Kindern mit Down-Syndrom in Regelschulen, aber wir wissen von Kindern in integrativen Schulen, deren soziale Fähigkeiten denen »normaler« Kinder sehr nahe kommen.

Erfahrungen in Hampshire

In der ganzen Grafschaft Hampshire gibt es ungefähr 40 Kinder mit Down-Syndrom, die örtliche Regelschulen besuchen.

In unserer Gemeinde sind fast alle Grundschulkinder mit Down-Syndrom in Regelschulen eingeschult, sodass wir in den letzten drei Jahren mehr Erfahrungen aus erster Hand erhalten haben und die meisten Kinder weit bessere Fortschritte machten, als wir je zu hoffen gewagt hätten. Einige dieser Erfolgsgeschichten haben wir nachfolgend in dieses Buch aufgenommen, um die Fortschritte die gemacht wurden, zu illustrieren.

Allen Kindern in Hampshire geht es jetzt, nachdem sie die unterschiedlichsten Probleme überwunden haben, recht gut und sie kommen alle, wenn auch mit unterschiedlichem Tempo, gut in der Schule voran. Fast alle der Kinder sind in Schulen ihrer näheren Umgebung untergebracht. Jede dieser Schulen machte das erste Mal Erfahrungen mit Kindern mit Down-Syndrom im normalen Klassenverband. Die Begeisterung mit der viele der Schulen und Lehrer an die Sache herangegangen sind, war sehr ermutigend. Wir waren äußerst beeindruckt, wie die Schulen den spezifischen Bedürfnissen der Kinder begegneten. Die meisten Lehrer waren in der Lage den Lehrplan ohne großen Extraaufwand erfolgreich anzupassen. Viele Lehrer, die begeistert von der Idee waren, den Kindern die Möglichkeit zu geben, ihre Schule zu besuchen, hatten aber Zweifel, ob sie diese Aufgabe erfüllen könnten. Unserer Ansicht nach, drei Jahre später, hatten und haben die meisten Lehrer die Fähigkeiten und auch das nötige Wissen und leisten deshalb ausgezeichnete Arbeit.

Eine Grundschullehrerin, die schon 30 Jahre in ihrem Beruf arbeitet, hat die Erfahrung, ein Kind mit Down-Syndrom in ihrer Klasse zu unterrichten, als eine der lohnendsten Erfahrungen ihrer ganzen Karriere beschrieben. Eine andere Lehrerin erzählte, dass das Jahr in dem sie für einen sechs Jahre alten Jungen mit Down-Syndrom Klassenlehrerin war, ihr gezeigt hätte, warum sie eigentlich Lehrerin geworden war. Sie betonte außerdem die positiven Auswirkungen, die das Kind auf seine Klassenkameraden hatte und wie die ganze Klasse Freude am gemeinsamen Lernen hatte. (Die beschriebenen Einschulungen fanden zusammen mit der Einführung des *National Curriculum* statt. Einige Schulen, die kein Interesse daran zeigten, Kinder mit Down-Syndrom in ihre Schule zu integrieren, schoben die Einführung des neuen Lehrplans als Grund vor, keine Zeit zu haben, sich um Fragen der Integration zu kümmern.)

Die Einschulungen wurden von Lehrern wie Eltern als sehr erfolgreich eingestuft, aber wir wissen, dass sich das Lehrpersonal in den Schulen zeitweise etwas allein gelassen fühlte und manchmal mehr Hilfe und Unterstützung von der örtlichen Schulbehörde gebraucht hätte. In Hampshire haben die Kinder gewöhnlich spezialisierte Lehrkräfte, die sie in der Regelschule unterstützen. Anfangs gab es kaum ausreichende Schulungen für diese Lehrer und einige Fachlehrer mussten an mehreren Schulen unterrichten.

Wir stimmen mit vielen Lehrern überein, dass sie vom Zugang zu Expertenhilfe profitieren könnten und es mehr Möglichkeiten zur Fort- und Weiterbildung für die betreuenden Lehrer geben sollte. Dennoch sind wir nicht unbedingt der Meinung, dass dieser Expertenrat von Lehrern aus Förderschulen kommen sollte. Wir hatten einige schlechte Erfahrungen mit Lehrern von Förderschulen, die unangemessene Ratschläge erteilten. Ihre Erwartungen von dem, was die Kinder erreichen können sind häufig viel zu niedrig angesetzt und der Lehrplan und die Lehrmethoden an Förderschulen unterscheiden sich oft grundlegend von denen regulärer Schulen.

Pioniere

Die Schulen in Hampshire waren Pioniere auf dem Gebiet des *Mainstreaming*. Die üblichen Lehrmethoden und Herangehensweisen an den Unterricht wurden einfach der neuen

Situation angepasst, was bisher gut funktioniert hat. Jedes Kind wurde vollkommen in den Klassenverband integriert und als gleichwertiges Mitglied der Klasse betrachtet. Wir glauben nicht, dass die Kinder in einer Fördereinheit oder -klasse einer Sonderschule, die gleichen Fortschritte gemacht hätten, da dort eine gänzlich andere »Schulkultur« herrscht.

Wechsel in eine reguläre Schule

Die meisten Kinder in Hampshire waren vom Beginn ihrer Schulkarriere an in regulären Schulen untergebracht, bis auf einen Jungen, der mit acht Jahren von einer Förderschule für Kinder mit schweren Lernstörungen in eine Regelschule übergewechselt ist. Jetzt, mit mittlerweile 12 Jahren in einer großen *Middle School*, blüht er immer noch auf. Sein Wechsel wurde von der Förderschule nicht unterstützt, da man dort ernsthafte Bedenken äußerte. Man glaubte dort nicht, dass er in einer normalen Schule in der Lage wäre, mit den anderen Kindern Schritt zu halten. Eines der Argumente gegen den Übertritt war, dass er keineswegs das fähigste Kind seiner Klasse in der Förderschule gewesen wäre. Diese Aussage ist zwar richtig, jedoch völlig irrelevant in Hinsicht darauf, ob seine spezifischen Bedürfnisse in einer regulären Schule befriedigt werden können oder nicht. Entsprechend den Wünschen seiner Eltern wurde er in der neuen Schule aufgenommen und weil der Schulleiter der Regelschule sich ebenso wünschte, ihn aufzunehmen, wurde ihm eine Vollzeit-Hilfslehrkraft zur Seite gestellt. Er bekam zusätzlich eine Sprachtherapie. Eine Überweisung von der Schule zur Beschäftigungstherapie wurde von den lokalen Behörden schnell bewilligt. Sein Klassenlehrer, sein Schulleiter und seine pädagogische Hilfskraft arbeiteten während seiner Grundschulzeit als Team zusammen. Er wurde in eine Klasse zwei Jahrgangsstufen unterhalb der altersgemäßen Einstufung eingeschult. Seitdem hat er seine schulische Ausbildung mit dieser Altersgruppe erfolgreich fortgesetzt.

Ein anderes Kind, ein Mädchen, wechselte von einer Schule für Kinder mit mäßigen Lernstörungen, in der ihre Fortschritte alles andere als befriedigend waren, in die örtliche Regelschule über. Die »ganz offensichtliche« Platzierung in einer Schule für Kinder mit schweren Lernstörungen wurde von ihren Eltern in Frage gestellt.

Sie lenkten die Aufmerksamkeit der Schulbehörden auf die Möglichkeiten, die ihrer Tochter, im Vergleich mit anderen Kindern mit Down-Syndrom, die erfolgreich in regulären Schulen unterrichtet wurden, verwehrt blieben. Ihre Tochter geht nun auch in die örtliche Regelschule und kommt dort gut zurecht. Ohne die Mithilfe und den Willen des Schulleiters, das Kind, trotz der Berichte über ihre schulischen Probleme, aufzunehmen, ohne die Eltern, die den Ratschlägen, die sie von Förderschulen erhielten, nicht folgten und bereit waren, diesen Fall bis zur höchsten Instanz durchzustreiten und ohne die die Praxis des *Mainstreamings* unterstützende Schulbehörde, wäre der Schulwechsel nicht zu Stande gekommen.

Sekundarschule

Die wachsende Zahl von Kindern mit Down-Syndrom in Sekundarschulen erzählt für gewöhnlich eine ähnliche Erfolgsgeschichte. Allerdings muss sich eine Sekundarschule zunächst einmal bereit erklären, Kinder mit Down-Syndrom überhaupt aufzunehmen. Wenn eine Schule alle ihre Schüler als Individuen mit ganz eigenem Profil an Stärken und Schwächen betrachtet, dann werden behinderte Kinder leichter in die Schule integriert werden können. Zwei Sekundarschulen in East Sussex, mit denen wir in regem Kontakt stehen, organisieren nun landesweit Fortbildungstage für andere Schulen. Eine weitere Schule ist an uns herangetreten, um anzufragen, ob wir von Kindern wissen, die man aufnehmen könnte. Diese Schule ist mit den Erfahrungen, die sie seit zwei Jahren macht, so zufrieden, dass man dort eine Unterstützungsgruppe für Hilfslehrer an anderen Schulen der Umgebung ins Leben gerufen hat.

Persönliche Eindrücke

Die folgenden Gedanken und Berichte stammen aus einem Artikel von Sue Buckley, der im *Portsmouth Down's Syndrom Trust Newsletter* im Juni 1993 erschienen ist und beschreibt einige Punkte des integrativen Unterrichts aus einer etwas persönlicheren Sicht:

Jenny, mittlerweile zehn Jahre alt, war die erste aus unserem Schulbezirk, die von Anfang an in die Grundschule ihrer Gemeinde ging. Im September wird sie in die dazugehörige *Middle School* überwechseln. Zusammen mit Jennys Eltern nahm ich neulich an einem Beratungsgespräch teil, in dem der Wechsel mit dem Schulleiter diskutiert wurde.

Es war eine ganz besonders lohnende Erfahrung für mich, da Jennys Lehrer ihre Fortschritte in der Grundschule aufzeigte und immer wieder betonte, wie gut sie sich in den Klassenverband eingefügt hat. Der Lehrer sagte, sie hätte von Jahr zu Jahr mehr Selbstvertrauen und Selbständigkeit gewonnen und wäre ein volles Mitglied ihrer Klasse und der Schule geworden. Dazu hätten ihre Sprechfertigkeiten gute Fortschritte gemacht und ihre Fähigkeiten beim Lesen wurden mehrmals als ihre größte Stärke hervorgehoben.

Wann immer sie eine Aufgabe erledigt hatte, holte Jenny sich ein Buch, um sich selbst zu beschäftigen und las offensichtlich mit Verständnis und Freude. Alle waren sehr zuversichtlich, dass Jenny den Übertritt mit ihren Freunden in die *Middle School* ohne große Schwierigkeiten schaffen würde.

Ein paar Wochen nach Jennys Besprechung, wohnte ich der von Abigail in einer anderen Schule bei. Abigail wird im August 13 Jahre alt und wird jetzt bald ihr zweites Jahr an der örtlichen Gesamtschule beenden. Dieses Treffen war ähnlich zufriedenstellend, da auch hier die Lehrer die großen Fortschritte, die Abigail in allen Fächern und in ihrer persönlichen Entwicklung gemacht hatte, beschrieben. Die Begeisterung aller anwesenden Lehrer und die Wärme und der Stolz, mit dem sie über Abigails vergangenes Jahr berichteten, und die Vorschläge, die sie für das kommende Jahr vorbrachten, haben mich sehr ermutigt. Das Lehrpersonal legte eine klare und angemessene Einschätzung ihrer speziellen Bedürfnisse und wie man ihnen dort begegnet vor. Abigail ist seit ihrem fünften Lebensjahr in einer regulären Schule. Anfangs war sie in einer privaten Schule und ist dann auf die örtliche *Middle School* übergewechselt.

Weihnachten 1992 filmten wir viele Kinder und ich war von ihren Fortschritten im Lesen und Schreiben sehr beeindruckt. Es waren fast alles Kinder mit Down-Syndrom aus unserer unmittelbaren Umgebung, die seit 1985 geboren wurden. Wir nehmen an, dass die insgesamt guten schulischen Leistungen darauf zurückzuführen sind, dass in normalen Klassen vom ersten Schultag an, die Betonung auf dem Lesen-, Schreiben- und Rechnenlernen liegt und dass die Kinder gerade davon profitieren. Ihre Sprechfertigkeiten waren ebenso gut, was ohne Zweifel durch den reichen Wortschatz ihrer Umgebung beeinflusst wurde. Auch auf unserer Weihnachtsfeier waren einige der Kinder anzutreffen und zeigten uns ihre Selbständigkeit und ihr Selbstvertrauen. Ich bin fest davon überzeugt, hätte ich einen außenstehenden Beobachter gebeten, die Fertigkeiten im gesellschaftlichen Umgang und ihr Selbstvertrauen einzuschätzen, hätten die Kinder, die Regelschulen besuchen, die besten Beurteilungen bekommen. Diese Beobachtung soll keine Kritik an den Fähigkeiten oder der Hingabe des Personals von Förderschulen sein. Sie unterstreicht einfach nur die positiven Folgen, wenn Kinder mit Down-Syndrom mit anderen Kindern zusammen sind und den Anforderungen und Verhaltensnormen, die an Regelschulen gefordert werden, ausgesetzt sind.

Bei einer Abendsitzung beschrieb mir einer von Daniels Lehrern, wie seine Fähigkeit und seine Begeisterung für das Lesen teilweise zu einem Problem wird, weil er mit den Antworten auf Fragen, die einigen der weniger guten Lesern seiner Klasse gestellt wurden, zu schnell herausplatzt. Daniel hat Down-Syndrom und ist sieben Jahre alt. Er geht mit seinem Zwillingsbruder in die Grundschule seiner Gemeinde. Sein Lehrer erzählte mir noch, dass Daniel sich immer bemühen würde, seine Arbeit ordentlich zu erledigen, damit er die Erlaubnis bekäme, am Computer arbeiten zu dürfen. Hätte ich vor drei Jahren gesagt, dass ein Kind mit Down-Syndrom in einigen Gebieten fähiger als andere Kinder in der Klasse wäre oder dass ein solches Kind anderen beim Lesen helfen könnte, hätten mir nur wenige geglaubt und, um ganz ehrlich zu sein, war ich damals selbst nicht so optimistisch.

Ich war vor drei Jahren von der Idee der integrativen Erziehung begeistert und habe seitdem dafür gekämpft, Kindern mit Down-Syndrom eine Chance zu geben. Aber ich war auch etwas ängstlich – war es richtig so darauf zu drängen, würden die Kinder wirklich in einer Regelschule zurechtkommen und vor Allem, würden sie tatsächlich davon profitieren? Heute bin ich absolut davon überzeugt, dass wir dafür kämpfen müssen, das System für alle Kinder zu ändern, wo auch immer sie leben. Unsere Kinder hier haben weit mehr, als ich je zu hoffen gewagt hätte, in allen Bereichen ihrer Entwicklung profitiert. In den letzten Monaten habe ich auch einige andere Teile des Landes besucht und mit Lehrern gesprochen. Ihre Erfahrungen und ihre Begeisterung für die Integration von Kindern mit Down-Syndrom in Regelschulen bestätigen unsere Ergebnisse aus Hampshire.

Teil einer Tischdecke, die von Kindern der Gomer Infants School gestaltet wurde. Jennys Selbstbildnis ist in der Mitte der Abbildung zu sehen.

In vielen Gegenden haben engagierte Lehrer an Regelschulen ihre eigenen Initiativen gegründet, um Erfahrungen und Sachwissen auszutauschen und Schulen, die neu an die Aufgabe der Integration herangehen, zu unterstützen. Das wachsende Fachwissen und der Sachverstand auf diesem Gebiet und die Begeisterung mit der die Lehrer an die Arbeit gehen, erfüllen uns mit Hoffnung. Dadurch gewinnt die Idee an Schwung, wird sich fortsetzen und Veränderungen hervorbringen.

Während unsere Erfahrungen und die aus anderen Teilen des Landes größtenteils sehr erfreulich waren, weil die Probleme angegangen und gelöst worden sind, wenn sie auftraten, hörten wir ebenso von Fällen, wo es scheinbar unüberwindliche Hindernisse. Eltern wie Schulen aus traten an uns heran, um nach Rat und Unterstützung zu fragen. Die Ratschläge, die wir hier zusammengetragen haben, basieren auf unseren Erfahrungen.

Erfolgreiches Lehren

Erfolg in der Regelschule

Die Perspektive der Eltern verstehen

Lehrer müssen sich bewusst machen, dass es für Eltern zumindest zum jetzigen Zeitpunkt noch keine leichte Entscheidung ist, ihr Kind in eine reguläre Schule zu geben. Das kann für die Eltern eine ziemlich nervenaufreibende, anstrengende Erfahrung sein, besonders dann, wenn die Schule wenig oder gar keine Erfahrung mit behinderten Kindern hat. Zunächst einmal könnten die Eltern einen langen Kampf vor sich haben, um überhaupt einen Platz in einer Regelschule zu ergattern. Dann könnte es sein, dass ihnen der

Platz immer nur für ein Jahr zugesprochen wird, in dem dazu noch regelmäßig Beurteilungen durchgeführt werden. Man kann also fast den Eindruck gewinnen, die Kinder würden ständig überprüft und jeder positive oder negative Vorfall würde sofort bemerkt und notiert werden, was natürlich zur Nervosität und Ängstlichkeit der Eltern beiträgt. Vielleicht erhalten die Eltern darüber hinaus nicht die nötige Unterstützung seitens der Lehrer oder anderer Eltern, wie sie sie an Förderschulen bekommen. Die Perspektive der Eltern zu verstehen und einzuplanen, ihren Bedürfnissen zu begegnen, indem zum Beispiel regelmäßig Treffen arrangiert werden, um Informationen auszutauschen, wird helfen, eine erfolgreiche Einschulung sicherzustellen.

Vollwertige Mitglieder der Schule

Kinder mit Down-Syndrom sollten genau wie jedes andere Kind, vollwertige Mitglieder der Schule und ihrer Klasse werden. Von einer dualen Einschulung, bei der die Kinder einige Tage der Woche in einer Regelschule und die restlichen Wochentage in einer Förderschule sind, halten wir nicht allzu viel. Jedes Kind würde Schwierigkeiten haben sich in einer solchen Situation zurechtzufinden. Es erfordert von den Kindern, zu zwei Gruppen von Lehrern und Schülern Beziehungen aufzubauen und die Regeln, Routinen, Anforderungen und Erwartungen zweier verschiedener Welten zu lernen. Für die Kinder ist es nahezu unmöglich einem koordinierten, ausgeglichenen Lehrplan zu folgen, da sie in beiden Schulen einige Wochentage fehlen. Daher werden sie kein Themengebiet von Anfang bis Ende verfolgen können und haben dadurch weniger Möglichkeiten, das Gelernte zu üben. Sie sind also in beiden Schulen benachteiligt und deshalb unserer Erfahrung nach weit weniger erfolgreich, als sie es sein könnten, wenn sie nur eine der beiden Schulen besuchten. Wir wissen von einigen Beispielen, wo die Kinder selbst ihren Eltern relativ schnell deutlich gemacht haben, dass sie eine der beiden Schulen lieber mögen und nicht besonders glücklich darüber sind, auch in die andere Schule gehen zu müssen.

Die innere Einstellung

Um das Konzept der Integration zum Erfolg werden zu lassen, ist einer der wichtigsten Faktoren die positive

Einstellung der Lehrer. Steht die Schule hinter der Philosophie der Integration, wird das Konzept vermutlich von Erfolg gekrönt werden. Jede Schwierigkeit, die auftritt, wird dann als Herausforderung gesehen und gelöst werden und nicht als Entschuldigung, um die Kinder in Sonderschulen abzuschieben. Die Einstellung ist für den Erfolg viel wichtiger als der Grad der Behinderung. Wir haben einerseits den Erfolg vieler schwer behinderter Kinder in Schulen, in denen sie erwünscht waren, und den Misserfolg sehr fähiger Kinder in Schulen, in denen sie nicht erwünscht waren andererseits, beobachtet. Es hat also absolute Priorität, dass die Kinder erwünscht, geachtet und mit Freude aufgenommen werden, welche Schule sie auch immer besuchen. Die Kinder nehmen unterschwellige Hinweise des Lehrpersonals oder anderer Klassenmitglieder, die der Meinung sind, die Kinder sollten eine andere Schule besuchen, sehr schnell wahr. Manchmal werden diese Hinweise nicht versteckt, sondern ganz deutlich und offensichtlich geäußert. In solchen Situationen kann es leicht passieren, dass die Kinder isoliert werden, ganz besonders dann, wenn sie an einem individuellen Programm arbeiten und die Zusammenarbeit mit der Klasse dadurch noch weiter eingeschränkt wird.

Bemühen sie sich, ausgesprochen sensibel gegenüber solchen Indikatoren negativer Einstellung zu sein, weil diese die Kinder sonst unglücklich und unkooperativ machen kann. Bestimmte Verhaltensweisen können den Persönlichkeitsmerkmalen der Kinder und ihrer Behinderung zugeschrieben werden, wenn sie tatsächlich als Folge auf ihre Umgebung entstanden sind. Besucht man integrative Klassen kann man solche Missstände gewöhnlich sehr schnell wahrnehmen, zum Beispiel in der Art und Weise wie mit den Kindern gesprochen wird, wie in ihrem Beisein über sie gesprochen wird, wenn offen gesagt wird, dass jetzt gerade keine Zeit ist, ihnen genau zuzuhören, indem unnötige Aktivitäten für die Kinder angeordnet werden, um sie vom Klassenverband zu trennen und indem sie nicht als gleichwertige Klassenmitglieder gewertet werden.

Wir kennen einige Beispiele von Kindern, über die gesagt wurde, dass sie unangemessen eingeschult worden wären und in der Regelschule versagen würden. Nachdem sie aber die Regelschule gewechselt hatten, kamen sie doch recht erfolgreich voran. In einem Fall besitzen wir Schulberichte aus zwei Jahren. Der erste Bericht stammt von der Schule, die forderte, das Kind von der Regelschule zu nehmen, der zweite Bericht stammt von einer Schule aus der Nähe, die bereit war das Kind aufzunehmen. Es ist schwer zu glauben, dass beide Berichte das gleiche Kind beschreiben.

Glücklicherweise stellen wir immer wieder fest, dass die Kinder selbst ihre besten Fürsprecher sind und gewöhnlich jeden mit ihren Erfolgen überzeugen und überraschen können. Viele Schulen waren anfangs etwas zögerlich. Hat man an der Schule die Kinder aber erst einmal kennen gelernt und erkannt, dass man ganz gut in der Lage ist, den speziellen Bedürfnissen zu begegnen, wandelt sich die Zögerlichkeit in Vertrauen und Begeisterung. Es passiert selten, dass wir mitbekommen, dass die Kinder gehänselt und geärgert werden. Ganz im Gegenteil berichten uns die meisten Lehrer, dass die Anwesenheit der Kinder mit Down-Syndrom positive Erfahrungen für alle mit sich bringt.

Unsere eigenen Eindrücke werden durch die Forschungsarbeiten von Ainscow und Muncey (1988) gestützt, die Schulen in Coventry untersucht haben und die folgenden Merkmale herausgearbeitet haben, die Regelschulen charakterisieren, in denen die Integration von Kindern mit Down-Syndrom erfolgreich durchgeführt wird:

1. Das effektive Führen der Schule durch einen Schulleiter, der es sich zur Aufgabe gemacht hat den Bedürfnissen aller seiner Schüler zu begegnen.

2. Vertrauen innerhalb des Lehrkörpers, dass sie in der Lage sind, mit den spezifischen Bedürfnissen der Kinder umgehen zu können.
3. Ein Gefühl des Optimismus, dass alle Kinder erfolgreich sein können.

4. Arrangements, die einzelne Lehrer unterstützen.

5. Der Entschluss einen breiten, ausbalancierten und anpassungsfähigen Lehrplan für alle Kinder zu erstellen.

6. Systematische Techniken zur Beurteilung der Fortschritte der Kinder.

Sehr häufig sind es ungenügende Praktiken, die kritisiert werden, wenn wir über die Vor- und Nachteile der Integration reden. Die Integration von Kindern in Regelschulen kann gut und schlecht durchgeführt werden, soviel ist klar. Aber ebenso kann eine Ausbildung in Förderschulen oder Sondereinrichtungen für Kinder mit mäßigen oder schweren Lernstörungen gute oder schlechte Auswirkungen haben.

Sinnvolle Unterstützung

Es ist wichtig, dass die unterstützenden Sonderpädagogen nicht ihre ganze Zeit und Aufmerksamkeit ausschließlich den Kindern mit Down-Syndrom widmen, da es diese davon abhalten könnte, auch unabhängig zu arbeiten und als volle Mitglieder im Klassenverband anerkannt zu werden. Dennoch sollten sie ein hohes Maß an Unterstützung, vor allem in den ersten Schuljahren erhalten, weil die Zeiten, in denen sie tatsächlich Hilfe benötigen, nicht vorherzusehen sind.

Kinder mit Down-Syndrom können oft leichter in gut durchstrukturierte schulische Aktivitäten einbezogen werden, vorausgesetzt die Arbeit wurde angemessen angepasst, als in weniger stark strukturierte, wie Musik, Kunst, Spiele und Freiarbeit. Erwartungen und Regeln sind in solchen unstrukturierten Situationen häufig unterschiedlich und selten genau definiert. Kinder mit Down-Syndrom müssen eher lernen, was, wann, wie zu tun ist. Die Annahme, dass die Kinder nur bei der Lernarbeit Unterstützung und Hilfe benötigen, kann nicht bestätigt werden. Das richtige Verhalten in allen Situationen, die sich in der Schule ergeben, zu lernen, ist eine große Herausforderung und es bedarf oft eines Sonderpädagogen, um die Kinder in solchen Situationen anzuleiten.

Kinder mit Down-Syndrom sind selten auf allen Gebieten der Entwicklung die Benachteiligsten, sodass die pädagogischen Hilfskräfte bei den meisten Aktivitäten mit einer ganzen Gruppe von Kindern arbeiten können. Dies hat dazu geführt, dass wir der Meinung sind, dass auch viele »normale« Schüler, die im Moment keine spezielle zusätzliche Unterstützung bekommen, von einem Sonderpädagogen in der Klasse, profitieren würden.

Kinder mit Down-Syndrom können Bedürfnisse haben, die nur mit Hilfe eines individuellen Programms angegangen werden können, wie zum Beispiel Sprech- und Sprachübungen zur Verbesserung der Artikulation. Setzt man aber einen festen Termin an, an dem mit den Kindern an diesem Programm gearbeitet wird, werden die Kinder regelmäßig von der Arbeit am regulären Lehrplan ausgeschlossen, was ihnen natürlich bewusst wird. Lassen die Lehrer den Hilfskräften aber freie Hand bei der Zeiteinteilung der unterstützenden Arbeit, kann verhindert werden, dass die Schüler mit Down-Syndrom regelmäßig bestimmte Aktivitäten der Klasse verpassen.

Anpassen des Lehrplanes

Die Anpassung des Lehrplanes bietet unterschiedliche Herausforderungen, abhängig von den Fähigkeiten, dem Alter und dem Verhalten der Kinder. Generell kann man sagen, je größer der Unterschied zwischen den schulischen Fähigkeiten der Kinder ist, desto schwieriger ist auch die Aufgabe, den Unterricht anzupassen. Für Kinder mit Down-Syndrom, die seit dem sechsten oder siebten Lebensjahr in einer Regelschule waren, ist diese Herausforderung höchstwahrscheinlich garnicht nicht so groß, wie man erwartet. Sie sind im Laufe der Zeit selbständiger geworden und haben die Verhaltensmuster und die Arbeitsmoral, die mit zunehmendem Alter erwartet werden, gelernt, auch wenn einige ihrer schulischen Leistungen hinter denen ihrer Klassenkameraden liegen mögen.

Grundschulen besitzen häufig die meisten Lehrmaterialien, die Kinder mit Down-Syndrom benötigen, aber Sekundarschulen könnten vielleicht weitere Bücher und Lehrmaterialien suchen, ausleihen oder kaufen müssen.

Förderabteilungen in Schulen besitzen häufig eine ganze Reihe angemessener Bücher, die speziell für Kinder und Teenager konzipiert wurden, bei denen die Fähigkeiten des Lesens und Schreibens verzögert ist. Diese Bücher illustrieren Sachverhalte mit Bildern, Fotos und unkompliziertem Text. Ebenso sind Schulen für Kinder mit mäßigen Lernstörungen gute Anlaufstellen, um an interessante und angemessene Lehrmaterialien zu kommen. Informationen holen sie sich am besten über ihren Schulpsychologen und die schulischen Beratungsdienste ein.

Der geeignetste Lehrplan ist der, in dem man die Kinder ganz normal am Unterricht teilnehmen lässt, jedoch mit Flexibilität bestimmte Arbeitsziele bzw. Aufgaben abändert und umformt, um den speziellen Bedürfnissen der Kinder mit Down-Syndrom gerecht zu werden. Arbeitet man nach diesem Modell, werden die Kinder als volle Mitglieder der Klasse anerkannt. Sie stehen auf der gleichen Stufe wie alle anderen Kinder und haben die gleichen Rechte und Pflichten. Da die Kinder am gesamten Unterricht beteiligt sind, nehmen sie an allen Themen, die in der Klasse behandelt werden, teil und können somit am Wissen, an Konversationen und an der allgemeinen Stimmung der Klasse partizipieren. Sie müssen nicht das Gefühl haben, anders oder ausgeschlossen oder weniger Wert zu sein, was häufig passieren kann, wenn sie in individuellen Programmen arbeiten müssen. Außerdem verringert das Arbeiten im Klassenverband das Gefühl, ganz besonders hilfsbedürftig zu sein, besonders dann, wenn Sonderpädagogen und Lehrer einer ganzen Gruppe von Kindern helfen. Die Kinder haben dabei immer angemessene Vorbilder vor Augen. Unserer Erfahrung nach machen Kinder, die auf diese Weise in den Unterricht integriert werden, bessere schulische Fortschritte. Die Anforderungen an ihr Verhalten werden hochgeschraubt, sie können zuhören und haben dadurch die Möglichkeit Unterrichtsstoff zu verstehen und zu lernen, von dem die Lehrer vielleicht nicht erwartet hätten, dass sie davon profitieren könnten.

Die folgenden Notizen wurden vom Klassenlehrer von Louise, Mrs. Wennman, *Bidbury First School*, Bedhampton, aufgeschrieben und geben ein gutes Beispiel für die Integration im Kindesalter:

> **Einführung**
> Geburtstag im August. Louise kam im September 1990 in die Schule, ein Halbjahr später als sie hätte eingeschult werden können, in eine altersmäßig gemischte Anfängerklasse. Sie integrierte sich in die Klasse, so weit es ihre Behinderung zuließ.

Lernschwierigkeiten

Geringes Ausmaß. Anfängliche Sprachprobleme – spricht jetzt viel deutlicher – viel Unterstützung durch unseren Sprachtherapeuten. Feinmotorische Fertigkeiten müssen sehr unterstützt werden – fast durchgehend. Leidet teilweise unter Konzentrationsschwächen und ist leicht abzulenken. Kann sehr dickköpfig und stur sein!! Erledigt mit Unterstützung einer Hilfskraft die meisten Aufgaben.

Vorbereitung

Sehr positive Einstellung gegenüber der Schule. Lehrer und Kinder neigen dazu, Louise mehr Freiheiten als anderen Kindern einzuräumen. Sie ist relativ unabhängig, hat aber, wenn nötig, einen Hilfslehrer zur Seite. Eltern unterstützen sie gut und helfen, wenn nötig, bei speziellen Aufgaben. Das Schreibprogramm für Louise wurde von ihrem Hilfsteam, das von Lois Marshall geleitet wird, erstellt.

Integration

Aufbauen von Zusammenarbeit und Gemeinschaft bei allen, die mit Louise unter meiner Aufsicht arbeiten. Ohne spezielle Richtlinien, ganz normale, an Louises Fähigkeiten angepasste Entwicklungsarbeit.

Lehrplan

Anpassung des Schwierigkeitsgrades und der nötigen Arbeitszeit an Louises Fähigkeiten.

Verhalten

Verhaltensforderungen wie an den Rest der Klasse.

Entwicklungen innerhalb der Schule

Zu jedermann freundlich und umgekehrt. Nach anfänglichen Versuchen sie zu bevormunden und wie ein Baby zu behandeln, normale Aktivitäten und

Freundschaften in der Schule, auf dem Spielplatz und anderswo. Louise mag es nicht, wenn ihre Routine gestört wird.

Frühe Erfahrungen

Es ist für Kinder mit Down-Syndrom leichter, sich in normalen Schulen einzugliedern, wenn sie frühzeitig begonnen haben, diesen Weg zu gehen, zum Beispiel indem sie an normalen Mutter-Kind-Aktivitäten, Spielgruppen etc. teilnehmen. Diese Erfahrungen helfen bei ihrer kognitiven und gesellschaftlichen Entwicklung und können in der Phase der Beurteilung und Stellungnahme sehr nützlich sein. Berichte von Leitern von Spielgruppen können ebenfalls hilfreich sein, deutlich zu machen, dass ein Kind in der Lage ist, sich in einer regulären Schule zu behaupten. Spielgruppen leisten außerdem gute Dienste, spielerisch Routinen und Verhaltensweisen zu lernen, die für Regelschulen angemessen sind. Kinder, deren Verhalten sehr herausfordernd und unangemessen ist, werden eher eine Schule verlassen müssen, als Schüler, die im Lehrplan nur langsam voran kommen.

Beurteilung

Beurteilungen und Stellungnahmen sollten nicht dazu herangezogen werden, zu beweisen, ob Kinder »intelligent« oder »nicht intelligent« genug für die Einschulung in eine bestimmte Schule sind. Ihre Aufgabe ist es vielmehr, die speziellen erzieherischen Bedürfnisse der Kinder und die Mittel, die benötigt werden, um ihnen gerecht zu werden, zu erkennen. Beurteilungen sollten also nicht auf den IQ-Werten eines Kindes basieren, sondern vielmehr die ganze Bandbreite seiner Fertigkeiten abdecken. Es gibt keine Kriterien, ob Kinder in einer Regelschule aufgenommen werden können, die auf dem Grad der Lernstörung basieren. Die Bezeichnungen »schwere Lernstörung« oder »mäßige Lernstörung« bedeuten nicht zwangsläufig, dass Kinder nicht in einer normalen Schule aufgenommen werden können. Wir wissen, dass es bei Kindern mit Down-Syndrom sehr wahrscheinlich ist, dass sie solche Schwierigkeiten haben, wir empfehlen aber trotzdem, dass Kinder mit Lernstörungen in reguläre Schulen eingeschult werden.

Schulischer Werdegang

Wenn Kinder mit Down-Syndrom Schuljahr um Schuljahr weiterkommen, gibt es manchmal gute Gründe, sie ein Jahr zurückzustufen, zum Beispiel, wenn sie nur ein Halbjahr der Anfängerklasse abgeschlossen oder das erste Schuljahr nicht durchgehend besucht haben oder wenn sie von einer Förderschule in eine Regelschule gewechselt sind. Gibt es jedoch keine sinnvollen Gründe sie zurückzustufen, sollten die Kinder mit ihren Klassenkameraden die schulische Ausbildung fortsetzen. Ihre Fähigkeiten allein sollten nicht Grund genug sein, die Kinder ein Jahr wiederholen zu lassen, denn in diesem Fall ist es eher wahrscheinlich, dass die Wiederholung zu einer negativen Erfahrung für die Kinder wird, von der sie nicht viel zu gewinnen, dafür aber eine Menge zu verlieren haben – ihre Freunde im besonderen. Kinder mit Down-Syndrom werden reifer und entwickeln sich entsprechend der Forderungen, die an sie gestellt werden und indem sie von den Kindern, mit denen sie Kontakt haben, lernen. Es ist unmöglich im Voraus zu sagen, ob die Kinder für neue Herausforderungen bereit sind oder nicht. Man muss ihnen aber die Gelegenheit geben, sich ihnen zu stellen.

Von Anderen lernen

Die Entwicklung integrierter Erziehung ist in Teilen der USA und Kanadas um einiges weiter fortgeschritten als in Großbritannien oder gar in Deutschland. Dort ist man auf dem Gebiet der integrativen Beschulung, der damit verbundenen Hilfsprogramme und dem Erstellen individueller Lehrpläne erheblich weiter (s. Udvari-Soldner, 1993).

In Wisconsin-Madison wurde die letzte Sonderschule für Kinder mit Down-Syndrom vor 25 Jahren geschlossen und man sagt heute, dass sich die Erziehung für alle Kinder beträchtlich verbessert hat, seit man die Herausforderung angenommen hat, den spezifischen Bedürfnissen der Kinder mit Down-Syndrom in den Schulen ihrer Gemeinden zu begegnen (Brown, 1989). Es wird von den Lehrern gefordert, in allen Schülern das Individuum zu sehen, mit seinem ihm eigenen Profil an Lernbedürfnissen, Stärken und Schwächen. Die Lehrer sind angehalten, immer wieder neu über die Rolle, den Stellenwert und das Ziel ihrer Erziehung nachzudenken, nämlich die Kinder fit für das Leben zu machen und ihnen nicht ausschließlich

Fachwissen beizubringen. So hat diese Entwicklung zum Beispiel Änderungen bei den Lehrmethoden hervorgebracht: kooperatives Lernen in Gruppenarbeit, Hilfestellungen und Zusammenarbeit von Schülern, Nachhilfeunterricht von Schülern höherer Klassen, mehr Projekt- und Gruppenarbeit und vieles mehr. Viele der Kenntnisse, die die Kinder durch den aktiveren, dynamischeren Unterricht mitnehmen, werden ihnen im späteren Leben sehr nützlich sein.

Die folgenden Leitsätze für eine erfolgreiche Integration von behinderten Kindern in eine reguläres Klasse wurden in den USA aufgestellt und wir können alle diese Empfehlungen nur unterstützen:

- Setzen sie regelmäßige Treffen für Lehrer und Sonderpädagogen an – am besten wöchentlich.
- Erklären sie die Klassenzimmerregeln deutlich und weisen sie auf Konsequenzen bei ihrer Verletzung hin.
- Seien sie konsequent.
- Geben sie deutliche und klare Anweisungen.
- Geben sie individuelle Anweisungen.
- Geben sie genaue Anweisungen zum Erwerb neuer Fertigkeiten – also keine Freiarbeit bis der Stoff nicht zu 80% sitzt.
- Achten sie auf einen hohen Grad an Interaktion.
- Unterstützung durch andere Schüler.
- Strukturieren sie Übergangszeiten – klare Richtlinien.
- Entwickeln sie eine positive Beziehung zu den Eltern der Kinder.

- Einigen sie sich über angestrebte Verhaltensweisen.

- Erkennen sie positives Verhalten von Schülern häufig an.

Möglichkeiten und Erwartungen

Möglichkeiten für Kinder mit Behinderungen zu schaffen, in den Schulen ihrer Gemeinde unterrichtet zu werden, ist der erste Schritt in die richtige Richtung. Ganz wichtig ist aber, dass Lehrer von Anfang an die Möglichkeit haben, sich über Down-Syndrom zu informieren und zu lernen, was für Menschen mit Down-Syndrom möglich und machbar ist.

Veraltete oder falsche Vorurteile müssen so schnell wie möglich angesprochen und, wenn nötig, richtig gestellt werden. Unserer Ansicht nach gibt es keinen besseren Anfang, sich mit der Materie auseinanderzusetzen als den, das Buch *Count us in: Growing up with Down's Syndrome* von Jason Kingsley und Mitchell Levitz zu lesen. Diese beiden jungen Männer mit Down-Syndrom stellen anschaulich und eindringlich das Potential dar, dass die Mehrheit (ca. 90%) der Kinder mit Down-Syndrom hat, wenn man ihnen die richtigen Möglichkeiten und Erwartungen entgegen bringt.

Wir glauben fest daran, dass Jason und Mitchell nicht nur ihren eigenen Gefühlen, sondern auch denen der großen Mehrheit von Menschen mit Down-Syndrom Ausdruck verliehen haben, von denen leider viele, aufgrund der Art und Weise, wie die Gesellschaft mit ihnen immer noch umgeht, nicht in der Lage sind, ihre Ansichten und Gedanken so wie diese beiden jungen Männer zu formulieren und auszudrücken.

Wir hoffen, dass dieses Buch dazu beitragen wird, zukünftigen Generationen von Kindern mit Down-Syndrom die Möglichkeiten zur Entfaltung ihrer Fähigkeiten zu geben, die ihnen als Mitgliedern unserer Gesellschaft zustehen.

Anhang

Vorlagen und Beispiele

Storyboard (leer)

Kärtchen zur Reihenbildung

Zahlenleiste

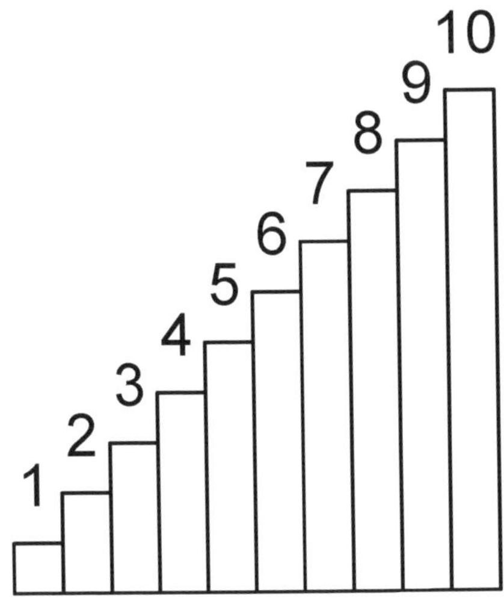

Zahlenstufen

13		14	12	
	10			20
16		11		19
15	17		18	

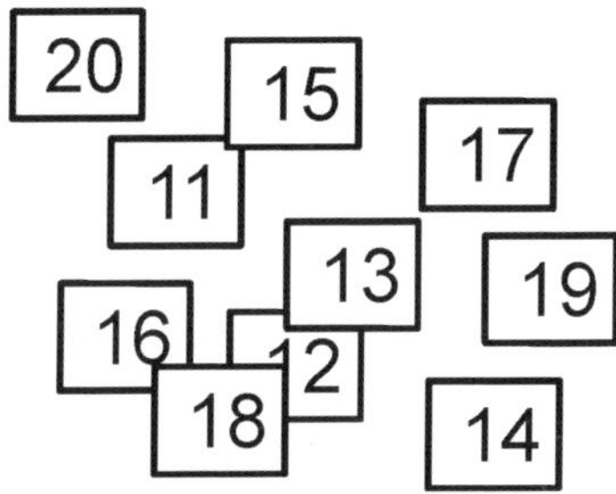

Zahlenlotto

Hilfsmittel

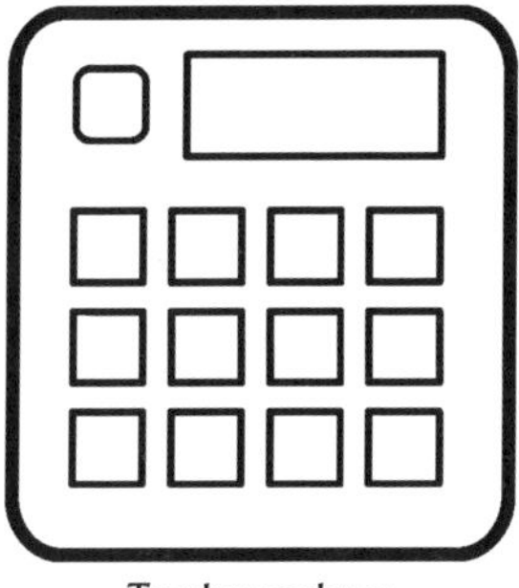

Taschenrechner

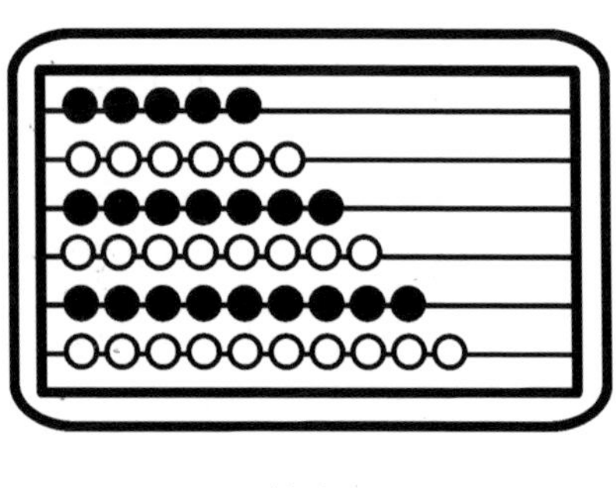

Abakus

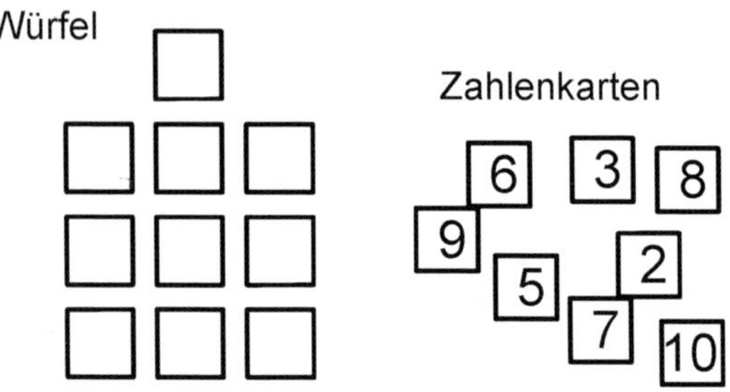

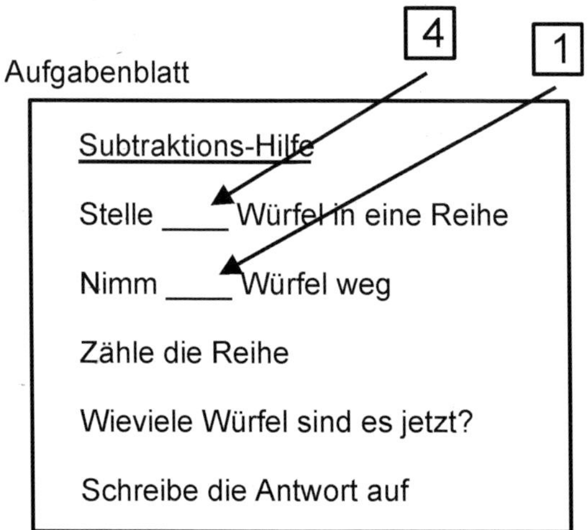

4 - 1 =

Rechenhilfe (Subtraktion)

Listen

Alle u.a. Listen und Aufzählungen von Titeln und Adressen können selbstverständlich keinen Anspruch auf Vollständigkeit erheben. Wir haben eine sinnvolle Auswahl getroffen (z.B. wurde keine der vielen Down-Syndrom Selbsthilfegruppen aufgeführt, auch wenn es sich um große, überregionale Vereine handelt – deren Adresse können sie aber bei den aufgeführten Adressen sicher erfahren).Ähnliches gilt für die Vorschläge zu Materialien oder auch der Adressenliste von Lehrmittelverlagen. Gerade bezüglich der verwendeten Materialien werden sie oft auch im Bereich hochwertigen (Holz-) Spielzeugs fündig werden können (Abakus, Holzbuchstaben und -zahlen).

Überregionale Organisationen und Vereine

Bundesarbeitsgemeinschaft
Gemeinsam leben – Gemeinsam lernen
c/o Manfred Rosenberger
Stülerstr. 2
D-10787 Berlin

Bundesvereinigung Lebenshilfe e.V.
Raiffeisenstr. 18
D-35043 Marburg

Deutsches Down-Syndrom InfoCenter
Hammerhöhe 3
D-91207 Lauf a.d. Peg.

Down-Syndrom Netzwerk
Eifgenweg 1a
D-51061 Köln

EDSA Deutschland
Karl-Barth-Str. 97
D-53129 Bonn

EDSA Schweiz
Postfach
CH-3000 Bern

Vorschläge für Materialien und Spiele, Bezugsadressen

Viele sinnvolle Lernspiele und -materialien können Sie im engagierten Spielwarenfachhandel finden – wenn Sie Fragen zu Lernspielen haben, können Sie sich auch mit unserem Vertrieb in Verbindung setzen. Wir können Ihnen Bezugsadressen nennen und im Bereich von Gesellschaftsspielen auch eine ganze Reihe sinnvoller Titel besorgen:

G&S Verlag GmbH
ALADINs Höhle Spielevertrieb
Postfach 1274 • D-90506 Zirndorf
eMail: vertrieb@gus-verlag.de

Weitere Vorschläge sind ...

Blanko-Spiele (Memory, Domino, Spielkarten)
zum selber gestalten von (Lern-) Spielen.

Selbstklebende Siegeltaschen
in verschiedenen Formaten (passend zu den Kopiervorlagen in dem Buch »Kinder mit Down-Syndrom lernen lesen«)

Piatnik Mitbringspiele
Verschiedene, preiswerte Lernspiele, zum Lesen- und Rechnen lernen.

Der Kleine Verlag
Hervorragende Materialien und Spiele
Der Kleine Verlag, Osterwiese 6, D-21409 Oerzen
(einige Produkte sind auch bei uns im Vertrieb)

GuK – Gebärden-unterstütze-Kommunikation
300 Karten mit Gebärden, Bildern und Wörtern
Deutsches Down-Syndrom InfoCenter
Hammerhöhe 3, D-91207 Lauf a.d.Peg.

Ideen-Kiste
und viele weitere Materialien:
vpm - verlag für pädagogische medien
Unnastr. 19, D-20253 Hamburg

Lernen macht Spaß Übungsblöcke
Carlsen Verlag (im gut sortierten Buchhandel)
Lernkiste Lesen und Schreiben
Mahlstedt, D.
Beltz Verlag, 1994
Abakus und andere hochwertige Materialien aus Holz lassen sich oft in anspruchsvollen Spieleläden finden!

Arbeitsmittelverlage (Auswahl)

Verlag Julius Beltz
Postfach 100154, Weinheim
Westermann Lernspielverlag
Postfach 4929, 38039 Braunschweig
AOL Verlag
77839 Lichtenau
Der Kleine Verlag
Osterwiese 6, 21409 Embsen OT Oerzen
Pädagogik-Kooperative
Goebenstr. 8, 28209 Bremen
Verlag für Pädagogische Medien
Unnastr. 19, 20253 Hamburg
spectra Lehrmittelverlag
Beckenkamp 25, 46286 Dorsten
Carlsen Verlag
Hamburg

Literaturvorschläge (Deutsch)

Schwere Behinderungen in der Schule
Cuoma, Nicola
Klinkhardt, 1989
Integrativer Unterricht in der Grundschule
Jaumann / Riedinger
Diesterweg, 1996
Warum nicht zusammen?
Landesinstitut für Schule und Weiterbildung
Soester Verlagskontor, 1994
Integrative Schule – integrativer Unterricht
Schöler, Jutta
Rowohlt, 1993

Macquarie Frühförderprogramm
Pieterse / Cairns
zu beziehen über:
Deutsches Down-Syndrom InfoCenter

Kinder mit Down-Syndrom lernen lesen
Oelwein, Patricia
G&S , 1998

Sprachförderung bei Kindern mit Down-Syndrom
Wilken, Etta

Schule ohne Aussonderung
Rosenberger, Manfred (Hrsg.)
Berlin, 1998

Handbuch der Leseübungen
Blumenstock, Leonhard
Beltz, 1997

Literaturliste der Originalausgabe

Allgemeine Literatur

Ainscow, S. & Muncey, J.: Meeting Individual Needs in the Primary School, London 1988

Audit Commission and HMI: Getting in on the Act; Provision for Pupils with Special Educational Needs, London 1992

Baroody, A.J.: Counting ability of moderately and mildly handicapped children, Education and Training of the Mentally Retarded, 21, S. 289-300, 1986

Berger, J.: Interaction between parents and their infants with Down's syndrome, in: Cicchetti & Beeghly (Hrsg.), Children with Down's syndrome: A Developmental Perspective, Cambridge 1990

Bird, G. : Reading and Language Development in Children with Down's Syndrome

Bishop, D.V.M.: Test for Receptive Grammar, Newcastle-upon-Tyne 1983

Broadley, I.: Do you remember ... ?, Special Children, 60, S. 17-19

Brown, L. & MacDonald, J.: Teaching short-term memory skills to children with Down's syndrome, Down's Syndrome: Research and Practice, 1 (2), S. 56-62, 1993

Brown, L.; Long , E; Udvari-Solner, A.; Schwarz, P.; VanDeventer, P.; Ahlgren, C.; Johnson, F.; Gruenewald, F. & Jorgensen, C.: Should students with severe intellectual disabilities be based in regular or in special education classrooms in home schools?, in: Journal for the Association for Persons with Severe Handicap, 14 (1), S. 8-12, 1989

Buckley, S.J.: Attaining basic educational skills: reading, writing and number, in: Lane & Stratford (Hrsg.): Current Approaches to Down's Syndrome, London 1985

Ds.: Language development in children with Down's syndrome: Reasons for optimism, Down's Syndrome: Research and Practice, 1 (1), S. 3-9, 1993

Ds.: Developing the speech and language skills of teenagers with Down's syndrome, Down's Syndrome: Research and Practice, 1 (2), S. 63-71, 1993

Ds.: Mainstream education – our local experience over three years, Portsmouth Down's Syndrome Trust Newsletter, 3 (4), S. 1-3, 1993

Buckley, S.J. & Bird, G.: Teaching children with Down's syndrome to read, Down's Syndrome: Research and Practice, 1 (1), S. 34-39, 1993

Buckley, S.J. & Sacks, B.: The Adolescent with Down's Syndrome, Portsmouth 1987

Buckley, S. & Wood, E.: The Extent and Significance of Reading Skills in Pre-school Children with Down's Syndrome, London 1993

Byrne, A. & Buckley, S.: The significance of maternal speech styles for children with Down's syndrome, Down's Syndrome: Research and Practice, 1 (3), S. 107-116, 1993

Case, R.; Saneison, R. & Dennis, S.: Two cognitive developmental approaches to the design of remedial instruction, Cognitive Development, 1, S. 293-333

Casey, W.; Jones, D.; Kugler, B. & Watkins, B.: Integration of Down's syndrome children in the primary school: a longitudinal study of cognitive development and academic attainments, British Journal of Educational Psychology, 58, S. 279-286, 1988

Caycho, L.; Gunn, P. & Siegal, M.: Counting by Children with Down syndrome, American Journal on Mental Retardation, 95 (5), S. 575-583, 1991

Crombie, M.; Gunn, P. & Hayes, A.: A longitudinal study of two cohorts of children with Down syndrome, in: C.J. Denholm (Hrsg.), Adolescents with Down Syndrome: International Perspectives on Research and Programme Development, Victoria 1991

Cunningham, C. & McArthur, K.: Hearing loss and treatment in young Down's syndrome children, Child: Health, Care and Development, 7 (6), S. 357-374, London 1981

Department for Education, Choice and Diversity: A New Framework for Schools, London 1992

Gathercole, S.E. & Baddeley, A.D.: Working Memory and Language, 1993

Gelman, R. & Cohen, M.: Qualitative differences in the way Down syndrome and normal children solve a novel counting problem, in: Nadel (Hrsg.), The Psychobiology of Down Syndrome, Cambridge, MA 1988

Gibson, D.: Down's Syndrome: The Psychology of Mongolism, Cambridge 1978

Hamilton, C.: Investigation of the articulatory patterns of young adults with Down's syndrome using electropalatography, Down's Syndrome: Research and Practice, 1 (1), S. 15-28, 1993

Harris, M.: Language Experience and Early language Development: From Input to Uptake, 1992

Hook, E.B. & Lindsjo, A.: Down's syndrome in live births by single year maternal age interval in a Swedish study: comparison with results from a new york study, American Journal of Human Genetics, 30, S. 19-27, 1978

Hutt, E.L.: Teaching Language Disordered Children: A Structured Curriculum, London 1981

Irwin, K.C.: Teaching Numerical Concepts to Children with Down's Syndrome, Auckland 1988

Ds.: Teaching Children with Down syndrome to add by counting-on, Education and Treatment of Children, 14 (2), S. 128-141, 1991

Le Prevost, P.: The use of signing to encourage first words, in: Buckley, Emslie, Haslegrave & Prevost: The Development of Language and Reading skills in Children with Down's Syndrome, Portsmouth 1986

Lorenz, S.: Long Term Effects of Earla Intervention in Infants with Down's Syndrome, Manchester 1985

MacKenzie, S. & Hulme, C.: Working Memory and Severe Learning Difficulties, 1992

McEvoy, J. & McConkey, R.: The performance of children with a moderate mental handicap on simple counting tasks, Journal of Mental Deficiency Research, 35 (5), S.446-458, 1991

Miller, J.: Language and communication characteristics of children with Down's syndrome, in: Pueschel, Tingey, Rynders, Crocker & Coutcher (Hrsg.), New Perspectives in Down Syndrome, Baltimore 1987

Miller, J.F.: The developmental asynchrony of language development in children with Down syndrome, in: Nadel (Hrsg.),

The Psychobiology of Down Syndrome: Issues in the biology of language and cognition, Cambridge, MA 1988

Miller, J.; Sedey, A.; Miolo, G.; Murray-Branch, J. & Rosin, M.: Vocabulary Acquisition in Young Children with Down's Syndrome, Queensland 1992

Pieterse, M. & Treloar, R.: The Macquarie Program for Developmentally Delayed Children: Progress Report, 1981

Pueschel, S.: Visual and auditory processing in children with Down's syndrome, in: Nadel (Hrsg.), The Psychobiology of Down Syndrome: Issues in the biology of language and cognition, Cambridge, MA 1988

Quigley, S.P.: Rffects of early hearing impairment on normal language development, in: Martin (Hrsg.), Pediatric Audiology, New Jersey 1978

Rauh, H.; Rudinger, G., Bowman, T.G.; Berry, P.; Gunn, P.V. & Hayes, A.: Early development in oung children with Down's syndrome, in: Lamb & Keller (Hrsg.), Infant Development: Perspectives from German Speaking Countries, Hillsdale 1990

Reiser, R. & Mason, M. (Hrsg.): Disability Equality in the Classroom: Ahuman Rights Issue, London 1990

Ripley, R. & Daines, R.: The joy of words, 1993

Rondal, J.: Down's syndrome, in: Bishop & Mogford (Hrsg.), Language Development in Exceptional Circumstances, Edinburgh 1988

Rynders, J. & horrobin, J.M.: Always trainable? Never educable? Updating educational expectations concerning children with Down syndrome, American Journal on Mental Retardation, 95 (1), S. 77-83, 1990

Russell, J.P.: Grades Activities for Children with Motor Difficulties, Cambridge

Sameroff, A.J.: The social context of development, in: Eisenberg (Hrsg.), Contemporary Topics in Developmental Psychology, New York 1987

Sameroff, A. & Chandler, M.: Reproductive risk and the continuum of caretaking casualty, in: Horowitz, Heatherington, Scarr-Salapatek & Siegal (Hrsg.), Review of Child Development Research (Vol.4), Chicago 1975

Schaffer, H.R.: Joint involvement episodes as context for development, in: McGurk (Hrsg.), Childhood Social Development: Contemporary Perspectives, 1992

Secada, W.G.; Fuson, K.C. & Hall, J.W.: The transiton from counting-all to counting-on in addition, Journal of Research in Mathematics Education, 14, S. 47-57

Serafica, F.C.: Peer relations of children with Down's syndrome, in: Cicchetti & Beeghly (Hrsg.), Children with Down's syndrome: A Developmental Perspective, Cambridge 1990

Shepperdson, B.: Growing Up With Down's Syndrome, London 1988

Sleath, A.: The counting abilities of children with Down's syndrome, Portsmouth 1993

Sloper, P.; Cunningham, C.; Turner, S. & Knussen, C.: factors relating to the academic attainment of children with Down's syndrome, British Journal of Educational Psychology, 60, S. 284-298, 1990

Thorley, B.S. & Woods, V.M.: Early number experiences for pre-school Down's syndrome children, Australian Journal of Early Childhood, 4, S. 15-20, 1979

Warnock, M.: The Warnock Report (DES) – Special Educational Needs, London 1978

Webster, A: Deafness, Development and Literacy, London 1986

Wishart, J.G.: The Development of Learning Difficulties in Children with Down's Syndrome, Journal of Intellectual Disability Research, 37, S. 389-403, 1993

Wood, D.; Wood, H.; Griffiths, A. & Howarth, I.: Teaching and Talking with Deaf Children, London 1986

Wu, H.M. & Soloman, R.T.: Effective use of Pictures as Extra Stimulus Prompts, British Journal of Educational Psychology, 63, S.144-160

Hilfreiche Literatur für die Integrationspraxis

Bartin, L. (Hrsg.): The Politics of Special Educational Needs, 1987

Ds.: Integration: Myth or Reality?, 1989

Bigge, J. (Hrsg.): Curriculum-Based Instruction for Special Education Students, Mountain View, CA 1988

Biklin, D.: Achieving the Complete School, Effective Strategies for Mainstreaming, New York 1985

Biklin, D.; Ferguson, D. & Ford, A. (Hrsg.): Schooling and Disability, Chicago 1989

Brown, L.; Long, E.; Udvari-Solner, A.; Schwarz, P.; VanDeventer, P.; Ahlgren, C.; Johnson, F.; Gruenewald, L. & Jorgensen, J.: Should students with severe intellectual disabilities be based in regular or in special education classrooms in home schools, Journal of the Association for Persons with Severe Handicaps, 14 (1), S. 8-12, 1989

Dissent, T.: Making Ordinary Schools Special, 1987

Dyson, A & Gains, C.: Rethinking Special Needs in Mainstream

Schools, London 1988
Fox, G. (Hrsg.): A handbook of Special Needs Assistants Working in Partnership with Teachers, London 1993
Fulcher, G.: Disabling Policies? A Comparative Approach to Education Policy and Disability, 1989
Gaylord-Ross, R. (Hrsg.): Integration Strategies for Students with Handicaps, Baltimore 1989
Johnson, D. & Johnson, R.: Learning Together and Alone, Englewood Cliffs, NJ 1991
Meyer, L.; Peck, C. & Brown, L.: Critical Issues in the Lives of People with Severe Disabilities, Baltimore 1991
Moresink, C.; Thomas, C. & Correa, V.: Interactive Teaming: Consultation and Collaboration in Special Programs, New York 1991
Oakes, J. & Lipton, M. : Making the Best of Schools: A Handbook for Parents, Teachers and Policy Makers, New Haven, CT 1990
Rainforth, B., York, J. & Macdonald, C.: Collaborative Teams for Students with Severe Disabilities: Integrating Therapy and Educational Services, Baltimore 1992
Reiser, R. & Mason, M. (Hrsg.): Disability Equality in the Classroom: A Human Right Issue, London 1990
Sebba, J.; Byers, R. & Rose, R.: Redefining the Whole Curriculum for Pupils with Learning Difficulties, London 1993
Slavin, R.E.: Cooperative Learning: Theory, Research and Practice, Englewood Cliffs, NJ 1990
Slee, R. (Hrsg.): Ist There a Desk with My Name on It?: The Politics of Integration, London 1993
Stainbeck, S.; Stainbeck, W. & Forest, M. (Hrsg.): Educating all Students in the Mainstream of Regular Education, Baltimore 1989
Stainbeck, S.& Stainbeck, W. (Hrsg.): Support Networks for Inclusive Schooling: Interdependant and Integrated Education, Baltimore 1990
Ds.: Curriculum Considerations in Inclusive Classrooms: Facilitating Learning for All Students, Baltimore, 1992
Villa, R.; Thousand, J. & Nevin, A: Creativity and Collaboration: A Practical Guide to Empowering Students and Teachers, Baltimore
Villa, R., Thousand, J.; Stainbeck, S.& Stainbeck, W. (Hrsg.): Restructuring for Caring and Effective Education, Baltimore 1992
York, J.; Vandercook, T.; MacDonald, C. & Wolff, S. (Hrsg.): Strategies for Full Inclusion, Minneapolis 1988

Weiterführende Literatur

Baroody, A.J. & Ginsberg, H.P.: Pre-schoolers' informal mathematical skills: Research and diagnosis, American Journal of Diseases of Children, 136, S. 195-197, 1982

Cockcroft, W.: Mathematics Counts, London 1982

DES and Welsh Office: Mathematics in the National Curriculum, London 1989

Ds.: Science in the National Curriculum, London 1989

Ds.: English in the National Curriculum, London 1989

Dockrell, J. & McShane, J: Children's Learning Difficulties: A Cognitive Approach, Oxford 1992

Farrell, M. & Elkins, J.: Literacy and the adolescent with Down's syndrome, in: Denholm (Hrsg.), Adolescents with Down Syndrome: International Perspectives on Research and Programme Development, Victoria 1991

Francis, H.: Cognitive implications of learning to read, Interchange, 18 (1-2), S. 97-108, 1987

Fuson, M. & Hall, J.W.: The acquisition of early number word meanings: A conceptual analysis and review, in: Ginsberg (Hrsg.), The Development of Children's Mathematical Thinking, New York 1983

Gelman, R. & Gallistel, C.: The Child's Understanding of Number, Cambridge 1978

Gilham, B.: A Basic Attainments Programme for Young, Mentally Handicapped Children, London 1987

Green, R. & Laxon, V.: Entering the World of Number, London 1978

Horstmeier, D.: But I Don't Understand You – The Communication Interactions of Youths and Adults with Down Syndrome, in: Peuschel, The Young Person with Down Syndrome, Baltimore 1988

Hughes, M.: Children and Number: Difficulties in Learning Mathematics, Oxford 1986

Hulme, C.: Reading Retardation and Multi-sensory Teaching, London 1981

Jeffrree, D.: Let Me Count, London 1989

Kumin, L.: Can You Say That Again?: Factors in Intelligibility of Speech in Children and Adults with Down Syndrome, 1991

Liebeck, P: How Children Learn Mathematics, Middlesex 1984

Matthews, G.: Early Mathematical Experiences, Harlow

McConkey, R. & McEvoy, J: Count Me In, (Video course), Dublin 1986

Ds.: Games for learning to count, British Journal of Special Education, 13, S. 56-62

Ds.: Count me in: Teaching basic counting and number skills, Mental Handicap, 14, S. 113-115, 1986

McEvoy, J.: From counting to arithmetic: The development of early number skills, British Journal of Special Education, 16 (3), s. 107-110

Robbins, B.: Mathsteps, Wisbech 1988

Stryker, S.: Speech after Stroke: a manual for the speech pathologist and the familiy member, Illinois 1981

Womack, D.: Developing Mathematical and Scientific Thinking in Young Children, London 1988

Das Sarah-Duffen-Zentrum

Das Sarah-Duffen-Zentrum wurde 1991 als Jointventure zwischen der Universität von Portsmouth und dem Portsmouth Down's Syndrome Trust gegründet. Dabei handelt es sich um ein reines Forschungszentrum, das eine Abteilung des Instituts für Psychologie der Universität ist. Das Personal des Zentrums setzt sich aus ausgebildeten Psychologen zusammen, zu deren Aufgabengebiet Forschung, Beratung, Training und natürlich die Veröffentlichung von Forschungsergebnissen gehört.

Zur Zeit befindet sich das Zentrum in Räumlichkeiten, die vom Portsmouth Down's Syndrome Trust finanziert werden. Gleichzeitig unterstützt diese Organisation Forschungs- und Entwicklungsprojekte der Universität, deren Ergebnisse wiederum Kindern mit Down-Syndrom und ihren Eltern zu Gute kommen. Das Sarah-Duffen-Zentrum genießt weltweit einen ausgezeichneten Ruf für seine Forschungsarbeit über die Entwicklung und die Bedürfnisse von Kindern mit Down-Syndrom. Daneben unterhält auch das psychologische Institut der Universität Portsmouth seit 1980 gezielte Forschungsprogramme.

Das Personal des Zentrums verfügt über beachtliche Kenntnisse auf allen Gebieten der kindlichen Entwicklung und den damit verbundenen Störungen. Obwohl die Forschungsarbeit derzeit auf autistische und hörbehinderte Kinder und die Probleme von Kindern mit Sprech- und Sprachverzögerungen ausgedehnt wird, stellt die Erforschung von Lernbehinderungen immer noch den Schwerpunkt der Arbeit dar.

Die Autoren

Gillian Bird, stellvertretende Direktorin des Sarah-Duffen-Zentrums, verfügt über eine mehr als 12-jährige Erfahrung als Psychologin auf dem Gebiet der Erforschung und Behandlung von Lernbehinderungen. Darüber hinaus hat sie einen Postgraduiertenabschluss in Informatik. Bevor sie 1985 dem Team des Sarah-Duffen-Zentrums beitrat, arbeitete sie für die Spastics Society in deren Programm für Menschen mit schweren Lernbehinderungen. Gillian ist heute für die Beratung und die Unterstützung von Familien und Lehrern zuständig. Ihre besonderen Fähigkeiten liegen in der Beurteilung der psychischen Entwicklung von Kindern mit Down-Syndrom und darin, in kürzester Zeit eine Beziehung zu diesen Kindern aufzubauen. Sie ist ebenso eine Expertin in der Handhabung von Verhaltensproblemen in Schule und Familie. Daneben hat sie sich auf die Bedürfnisse von weniger begabten Kindern mit Down-Syndrom spezialisiert. In den letzten drei Jahren hat sie Erfahrungen mit der Integration behinderter Kinder gesammelt und kann sowohl Familien als auch Schulen in allen Aspekten der Integrationspraxis beraten.

Sue Buckley, Direktorin des Sarah-Duffen-Zentrums, ist Psychologin und vereidigte Sachverständige auf dem Gebiet der Erforschung von Lernbehinderungen. Sie ist Lehrstuhlinhaberin am Institut für Psychologie und voll in den Lehrbetrieb der Universität Portsmouth integriert. Seit 20 Jahren beschäftigt sie sich mit der Entwicklung von Forschungsprojekten und der Betreuung von Doktoranden und in der Forschung tätigen Studenten. Ihre Forschungsinteressen sind die frühe Sprachentwicklung, die kognitive Entwicklung und der Erwerb von Lese- und Schreibfähigkeiten besonders in Hinblick auf Kinder mit Down-Syndrom. Da sie selbst eine Adoptivtochter mit Down-Syndrom hat, sind ihr die Probleme von Teenagern und jungen Erwachsenen mit Down-Syndrom und deren Einfluss auf die Familie nicht nur aus professioneller sondern auch aus privater Sicht geläufig. Sue ist im Vereinigten Königreich und im Ausland als geübte Rednerin ein gern gesehener und gefragter Gast auf Fachtagungen und Kongressen. Sie ist Mitglied des Scientific Committee of the European Down's Syndrome Association und des Research Committee of the Down's Syndrome Association (England, Wales und Nordirland).